Zu diesem Buch

Heinar Kipphardt hat über mehrere Jahre hinweg seine Träume aufgezeichnet. In diesen Protokollen vermischen sich Privates und Öffentliches, Komisches und Grauenhaftes, Erlebtes und Ersehntes, Lüste und Ängste. Genau besehen werden Kipphardts Träume zu einem subversiven Spiegel des Literatur- und Theaterbetriebs ebenso wie der politischen Zustände. Verwoben damit sind stets sehr persönliche Erfahrungen des Autors. Besonders faszinierend wirkt die kühne, poetische Bildersprache der Texte; im Traum zum Beispiel kann es Kipphardt einfallen, seinen Kollegen Alexander Kluge sich an einem Gedicht aus gefährlicher Lage abseilen zu lassen. «Ich war etwas besorgt, ob er das schaffen würde, denn ich kannte kein Gedicht von ihm, er tat das aber durch eine lockere Prosa, die ihn aushielt.»

Heinar Kipphardt, geboren am 8. März 1922 in Heidersdorf (Schlesien), gestorben am 18. November 1982 in München, Dr. med., Fachrichtung Psychiatrie, übersiedelte 1949 von Krefeld nach Ost-Berlin, wurde Arzt an der Charité und später Chefdramaturg am Deutschen Theater. Seit 1961 lebte er in der Nähe von München. 1970/71 war er Chefdramaturg der Münchner Kammerspiele. Er wurde vor allem als Dramatiker bekannt. Sein Stück «In der Sache J. Robert Oppenheimer» gehört zu den Klassikern des modernen Theaters. Auch sein letztes Stück «Bruder Eichmann» (rororo Nr. 5716) erregte Aufsehen. Überdies verfaßte er Erzählungen (ein Sammelband unter dem Titel «Der Mann des Tages» erschien als rororo Nr. 4803), Gedichte («Angelsbrucker Notizen», rororo Nr. 5605), Fernsehspiele und den Roman «März» (rororo Nr. 4259).

Seine gesammelten literarischen Arbeiten erscheinen in einer Werkausgabe im Rowohlt Taschenbuch Verlag.

Heinar Kipphardt
Traumprotokolle

Rowohlt

Gesammelte Werke in Einzelausgaben
Herausgegeben von Uwe Naumann
Unter Mitarbeit von Pia Kipphardt

Veröffentlicht im Rowohlt Taschenbuch Verlag GmbH,
Reinbek bei Hamburg, Oktober 1986
Copyright © 1984 by Pia-Maria Kipphardt
Umschlagentwurf Klaus Detjen
(Foto von Isolde Ohlbaum)
Umschlag-Rückseite:
Brief von G. Fuchs, 7. 7. 1981
Satz Garamond (Linotron 202)
Gesamtherstellung Clausen & Bosse, Leck
Printed in Germany
680-ISBN 3 499 15818 3

Inhalt

Heinar Kipphardt:
Zur Traumarbeit

7

Traumprotokolle

13

Glossar
Zur Erläuterung einiger Namen

130

Nachwort des Herausgebers

134

Zur Traumarbeit

In einer bestimmten Zeit der Arbeit an diesem Buch wurden meine Träume zunehmend unverständlicher. Sie waren so stark verschlüsselt, daß es mir nicht mehr gelang, einen Zusammenhang zu notieren. Die Zensur in der Traumarbeit wehrte sich gegen die ursprünglich nicht vorgesehene Veröffentlichung, machte auf das Heikle des Unternehmens aufmerksam, kündigte die Mitarbeit auf, erschwerte die Arbeit jedenfalls und zwang zu neuen Überlegungen wie jeder andere uns bekannte Zensurmechanismus.

Das Heikle an der Sache ist, daß der Traum nahezu ausschließlich von dem Träumenden handelt, und zwar auf eine schamlose und rücksichtslose Weise und in Abwesenheit der moralischen Instanz. Seine Erzählweise überschreitet die Kategorien unserer Wahrnehmung, unsere alltägliche Logik, unsere Annahmen von Ursache und Wirkung und unseren soliden Umgang mit Zeit und Raum. Das nur funktionale Koordinatensystem, das zum Überleben in einer Gesellschaftsformation gebraucht wird, die vor allem anderen Anpassung an Produktionsprozesse verlangt, wird außer Kraft gesetzt. Was der Traum erzählt ist anschaulich, von Sinnlichkeit durchtränkt. Er erzählt in Bildern, unterwirft den Umgang mit der Zeit und dem Raum seinen radikalen Bedürfnissen. Er bringt die Bedrängnisse und Wünsche des Träumenden zur Anschauung. Der Traum nimmt das Wort beim Bild, er führt es auf seinen sinnlichen Ursprung zurück, überschreitet die Blässe unserer Vorstellungen und benutzt bei seiner Arbeit, was ihm als Material in die Finger kommt, das Triviale wie das Große, das Absurde wie das Spitzfindige, das Symbol, das Obszöne, das Utopische, es sind ihm alle Mittel recht. Auch «was uns nicht im Traume einfällt» befindet sich durchaus in seinem Arsenal. Seine Assoziationskünste und seine Montagetechniken lassen uns staunen, es besticht seine Detailbesessenheit und seine Erinnerungskraft, seine Möglichkeiten scheinen unbegrenzt. Aber das Ganze wirkt auf uns doch auch wie halluziniert, zerrissen, zerfallend, fremd und in seiner Metaphorik schwer zugänglich.

Mit einem Wort, der Traum ist auf eine übertriebene Weise der Poesie ganz nahe und dem Wahnsinn. Kant meinte, der Verrückte sei ein Träumer im Wachen, und Schopenhauer schrieb, der Traum sei ein kurzer Wahnsinn, der Wahnsinn ein langer Traum. Es scheint, der Traum vertritt beim sogenannten Gesunden einen psychotischen Zustand, besser vielleicht, er verschafft ein kurzes produktives Anderssein im kahlen Alltag. Die Traumarbeit ist auch eine Erinnerungsarbeit, die auf verlorene Möglichkeiten hinweist. Man ist im Traum das Kind, das man war, man lebt als dieses Kind, man handelt als dieses Kind, der Traum führt uns an unseren Anfang und bringt uns Informationen, über die wir gar nicht mehr zu verfügen glaubten, und er sucht uns mit starken Gefühlen heim, die unser Alltag kaum kennt. Es leben in ihm viele von uns vergessene Wahrnehmungsweisen auf, aus unserer persönlichen Geschichte und mutmaßlich aus der Geschichte der Gattung. Es wird der Verlust an Sinnlichkeit, an Schöpferkraft, an Lust zu Anderem erfahren. Der Traum ist der Stachel im zähen Fleische des blassen, bis in die Freizeit geregelten Alltagslebens. Der Träumende wird für kurze Zeit zu einer Art von Künstler, der Geschichten, Bilder, Filme produziert, die mit ihm, mit seinem Leben zu tun haben. Er wird eine ungekannte Produktivität gewahr, die mit seinen Wünschen, seinen verloren gegangenen Entwürfen zu tun hat, jenseits der Abtrennung seiner Arbeitssphäre von seinem Leben. Auch in den armseligsten Träumen scheint die je hausgemachte Utopie verwahrt.

Was die Nähe des Traumes zur Poesie angeht, so wurde die wahrgenommen, seit es eine Literatur gibt. Auch die Mythen und die Religionen enthalten diese quasi naturpoetischen Stoffe in reichem Maße, kein Religionsstifter, der auf Träume verzichten mochte. Die in der Weltliteratur versammelten Träume sind ungezählt. Aber es sind in der Regel von den Dichtern erfundene literarische Träume, die sich einiger Eigentümlichkeiten des Traums bedienen. Der wahrscheinliche Grund dieses Verfahrens ist, daß dem tatsächlichen Traum wenig Bedeutung beigemessen wird, man traut ihm die Gestaltungsprinzipien von Literatur nicht zu und glaubt, daß wegen der enormen Subjektivität des Traumes und der Unreinheit seiner Mittel wenig über die Welt zu erfahren sei. Das ist nach meiner Wahrnehmung ein Irrtum, denn auch der ganz subjektive Traum vollzieht sich in einem sozialen Umfeld mit sozialen Haltungen in einer jeweils spezifischen Welt. Auch im Träumen findet sich die Kategorie des Historischen. Die im Traum erfaßten Gefühle und Gedanken, die im Traum erfundenen Geschichten lassen tiefer gehende Entdeckungen über Zeitzusammenhänge durchaus zu, sogar politische und wirtschaftliche. Was mich angeht, so ließen mich die meisten der literarisch erfundenen Träume gleichgültig, sie kamen mir geschönt und veredelt vor, es fehlte mir die Authentizität, die jedes literarische Produkt braucht. Erst die neuere Literatur (u. a. Joyce, Kafka, Robert Walser, die Surrealisten) hat entdeckt, daß große ästhetische Bereicherungen aus der tatsächlichen Traumarbeit zu beziehen sind.

Die tatsächlichen Träume sind überwiegend von Ärzten oder Psychoanalytikern der verschiedenen Schulen übermittelt, die sie als Dokumente ihrer therapeutischen Arbeit mit Patienten in seelischen Krisen veröffentlicht haben. Der Nachteil ist dabei die Auswahl der für den Analyseverlauf charakteristischen Träume, die in der Regel auch schon innerhalb der Analyse und im Hinblick auf sie geträumt wurden, und auch, daß die Träume unter dem Gesichtspunkt der oft gewagten psychoanalytischen Deutung veröffentlicht wurden. Ohne auf die analytische Vieldeutigkeit von Träumen eingehen zu wollen und ohne die großen Verdienste der Psychoanalyse – auch in der Erforschung der Traumarbeit – schmälern zu wollen, muß man wohl feststellen, daß diesen Traummitteilungen, die als Dokumente große Reize haben, die literarische Dimension in der Regel fehlt.

Nach diesem Galopp durch einige Aspekte der Traumarbeit komme ich zu dem eigentlichen Zweck dieser Bemerkungen, dem Leser nämlich einige Aufklärung über mein Vorgehen bei diesem Buch zu geben. Weil mich die Nähe von psychotischer Produktivität zur Produktivität des Traums bei der Arbeit an dem Stück MÄRZ, EIN KÜNSTLERLEBEN stark interessierte, notierte ich etwa über zweieinhalb Jahre meine Träume und verglich sie mit Zeugnissen psychotischer Produktivität. Ich lernte, meine Träume zu notieren, indem ich mich, aus Träumen halb erwacht, in einem Zustand hielt, der den Traum einerseits weitergehen ließ und mich andererseits in den Stand setzte, den Traum leidlich genau zu notieren oder wenigstens das Wichtigste von ihm zu erfassen. Diese Notate, gegen den starken Widerstand des Schlafbedürftigen aufgeschrieben, sind von ganz unterschiedlicher Art und Qualität. Die meisten bemühen sich um Genauigkeit auch in den Einzelheiten, aber es waren auch oft nur Bruchstücke erfaßt, und manche Träume waren in Stichworten notiert, die nicht leicht zu entschlüsseln waren. Während der Niederschrift (die letzte Zeit ausgenommen) dachte ich nicht an eine Veröffentlichung. Es war eine Art von intimer Materialsammlung zum Zwecke des genannten Vergleichs. Bei einer späteren Durchsicht der nächtlichen Protokolle fiel mir auf, daß viele von ihnen, wenigstens nach meinem Geschmack, auch eine literarische Qualität hatten. Mir gefielen die herausfordernden Erzählweisen des Traumes, und ich fand mich in ihnen zu meiner Überraschung als eine kritisch und charakteristisch beschriebene Person. Erstaunlicher noch schien mir die Darlegung des sozialen Umfeldes, meiner Arbeit, meiner Herkunft, die naiv-metaphorische Darstellung meiner Ängste, meiner Gedanken, meiner Hoffnungen in den Zusammenhängen und Widersprüchen der eigenen Zeit. Es trat eine Untergrundperson von mir neben mich.

Von ein paar Leuten ermuntert, denen ich charakteristische Auszüge der Materialien zeigte, stellte ich meine Bedenken zurück und begann an diesem Buch zu arbeiten.

Bei meiner Auswahl der Traumprotokolle ließ ich beiseite, was den Bereich des Nur-Persönlichen nicht überschritt, was unverständlich und was für mich selber reizlos war. Bei der Arbeit an den Traumnotaten aus der neu gewonnenen Distanz respektierte ich in jedem Falle die wirkliche Traumarbeit und folgte den ursprünglichen Protokollen auch in den Einzelheiten, schönte und glättete sie nicht, brachte sie aber in eine lesbare, literarische Form. Manche Träume waren nur bruchstückhaft erfaßt, und die sprachliche Qualität litt häufig unter dem halbwachen Zustande, in dem ich die Träume notiert hatte. Wo das möglich war, folgte ich dem Protokoll wortgenau, in anderen Fällen rekonstruierte ich die wirkliche Traumgeschichte nach den Notizen. Ich arbeitete also an literarischen Texten nach tatsächlichen Materialien, in diesem Fall meiner Traumarbeit als literarischer Rohform. Ich bin mit der Rohform etwa so umgegangen, wie ich beim Schreiben mit Erinnerungen umgehe.

Ich enthalte mich bei den Traumgeschichten ausdrücklich jeder Deutung, auch der psychoanalytischen, und gebe nur gelegentlich knappe Hinweise auf die Herkunft des Traummaterials, auf Zusammenhänge mit Lebenssituationen.

Es kommt in den Träumen eine Anzahl von bekannten und unbekannten Leuten vor. Ich bitte um Verständnis, wenn ich ihre Namen in der Regel nicht verschlüsselte oder abkürzte, denn das hätte dem

Traum viel Realität entzogen. Es sei aber hier ausdrücklich auf den stellvertretenden Charakter von Personen und Namen im Traum hingewiesen. Eine Deutung des Traums würde aus den Namen gewiß andere Bezüge zum Träumenden herausfinden. In dem Traum gut oder schlecht behandelte Kollegen oder Freunde, geschmähte oder gerühmte Bekannte erfahren nicht die Wertung, die ihnen der Autor im Wachen gibt. Der mir befreundete Schauspieler Heinz Schubert z. B. ist mir nie als Erotomane bekannt geworden, und ich denke nur im Traum daran, gerade den Regisseur Pfleghar mit dem Büchner-Preis auszeichnen zu lassen und ihn mit Kot zu beschmieren. Der Traum spielt mit Namen, er assoziiert mit großer Vorliebe, und er hält sich nicht einmal an die Einheit einer Person, wechselt die Perspektiven, läßt den Sohn ohne Übergang etwa den Vater sein (der er ja auch ist), oder das Kind den später Erwachsenen. Die Gestalten sind oft wie Mischfotografien übereinander kopiert. Es wäre aber falsch, das als nur zufällig anzusehen, der Traum ist eine besonders gezielte und stark verkürzte Erzählweise.

Die Träume sind chronologisch angeordnet und wurden in Angelsbruck notiert, wenn nicht andere Namen dem Datum beigegeben sind.

Auf den Mangel an moralischem Bewußtsein sei noch einmal hingewiesen. Wenn man sich entschließt, seine Träume zu veröffentlichen, ist eine gewisse Schamlosigkeit und eine gewisse Rücksichtslosigkeit gegen sich nicht zu entbehren, ich hoffe aber, den voyeuristischen Aspekt, der in Traummitteilungen leicht liegen kann, vermieden zu haben.

Es wird seit langem argumentiert, die Wendung zum Traum sei eine bloße Wendung nach innen, eine Flucht in die Subjektivität, eine Abkehr von der Linie der literarischen Aufklärung zur Gegenaufklärung hin, wie etwa in der deutschen Romantik gegen die deutsche Klassik vollzogen. Hier der Tag, da die Nacht, hier die vollkommene, bewußte Gestaltung, dort das irrationale, zerfallende Dunkel. Das scheint mir überaus flach gedacht, denn eine vollkommene Gestaltung kann die vollkommen leere Gestaltung sein, wenn Neuigkeiten in ihr nicht vorkommen, und die vollendete bekannte Form ist auch besonders geeignet, das inhaltlich Bekannte zu perpetuieren. Der Inhalt steckt auch in den angewandten Kunstmitteln. Das Innen ist auch ein Außen.

Heinar Kipphardt

1

Ich bin in einen Mordprozeß verwickelt, verdächtig, eine weibliche Person ermordet zu haben, meine Schwester. Für das Gericht verfertige ich ein Schreiben mit eingestreuten lateinischen Zitaten, das meine Unschuld belegen soll. Ich schreibe mit der Hand, dem Untersuchungsrichter meine persönliche Wertschätzung anzuzeigen, und wähle dafür ein dünnes Büttenpapier. Beim Schreiben wird mir klar, daß ich Fingerabdrücke hinterlasse, die mit Fingerabdrücken an der Leiche identisch sein könnten. Es scheint bei diesen Überlegungen, daß ich der wirkliche Täter bin, obwohl Fingerabdrücke bei einem Bruder auch auf harmlose Weise an die Sachen gekommen sein können, die man gefunden hat. Vorsichtshalber beschließe ich, den ganzen Brief neu zu schreiben, jetzt aber mit Handschuhen. Ich sollte auch mitteilen, daß ich keine Schwester habe.

29.11.78

2

An einem heißen Sommertag wird mein Großvater zu Grabe getragen, aber voll angekleidet und auf einer ausgehängten Tür bequem gelagert. Sein weißes Hemd bauscht sich aus der schwarzen Weste mit breiter Uhrkette, die ganze Haltung hat etwas Weltliches, nahezu Triumphales. Männer mit gewichsten schwarzen Schnurrbärten tragen ihn mit erhobenen bloßen Armen und singen zu Trompetenstößen. Unter der baldachinartigen Anordnung laufen Kinder, deren Köpfe mit zusammengebundenen Taschentüchern gegen die Hitze geschützt sind. Meine Großmutter deutet gestenreich, daß sich der Zug in die falsche Richtung bewege, nämlich die Hochergasse entlang, die zu einer schmalen Brücke über den Fluß führt, dem Friedhof entgegengesetzt. Die Brücke hat nur noch wenige Bretter in dem Eisengerüst, es ist nicht hinüberzukommen, so tragen sie den Großvater durch den seichten Fluß, was vom anderen Ufer her mit Applaus aufgenommen wird.

Das ausgehobene Grab ist mit Wäschestößen vollgestapelt wie ein Wäscheschrank.

Es scheint, die Leiche wird nicht in den Friedhof gelassen. Meine Mutter zeigt einen Ausweis, der nicht akzeptiert wird, danach einen schwarzen Schnürschuh, der mit dem Schuh des Toten übereinstimmen soll. Der Tote hat aber keine Schuhe an.

Ein kahlgeschorener Junge, ich, fällt die lange Kirchentreppe vom Chor herunter, ich fühle die Zehen ab, laufe den Kirchengang entlang ins Freie. «Du hast einen Gottesraub begangen», sagt meine Cousine Veronika.

Hamburg, 3.12.78

3

Gegen meinen Willen habe ich mir eine Waage zum Messen der Schizophrenie angeeignet. Sie unterscheidet sich von anderen Waagen nur dadurch, daß der eine Arm länger als der andere ist. Bei jedem Wiegen verkürzt sich aber der längere Arm, so daß die Waage bald von anderen Waagen nicht mehr zu unterscheiden ist. Aus einer Großklinik stelle ich psychiatrische Patienten vor. Ihre Krankheiten sind Nachahmungen, der Psychiatrie zuliebe.

Hamburg, 4.12.78

4

Spätabends treffe ich noch in einer Filmkantine ein paar Schauspieler und Filmleute, und weil die Kantine schließt, verabreden wir uns bei einem der Leute in der Wohnung. Ich fahre vorher an einem überfüllten Restaurant vorbei, um eine Kleinigkeit zu essen. Als ich zahlen will, kann ich die Kellnerin nicht erwischen, signalisiere ihr, daß ich später zahle. Es handelt sich um einen kleinen Betrag von zehn oder fünfzehn Mark. Ich kaufe im ersten Stock bei dem jugoslawischen Wirt auch noch eine große Portion Eis und fahre mit einer Schauspielerin zu einem anderen Lokal, um für unsere Verabredung in der Wohnung ein paar Flaschen Wein mitzunehmen. Wie ich in das Auto gestiegen bin, tritt ein Polizist aus einer Einfahrt und spricht mich in Polizistenart an: «Sie wollten doch noch zwei Tage länger in Nigeria bleiben, Herr Doktor? Jetzt haben Sie in der Eile vielleicht versäumt, sich Ihr Portemonnaie einzustecken? Wenn man in netter Gesellschaft ist, denkt man nicht immer daran.» Ich weiß sofort, die Kellnerin hat mich wegen der kleinen Zeche angezeigt, die ich nicht bezahlt habe, und ich sehe mich einem Verhör ausgesetzt, soll «nur der Form halber» meine Ausweise zeigen. In meiner schwarzen Tasche finde ich Zeug, das mir nicht gehört, Kameras, Filme, Mikros, beim Weiterkramen sagt die Schauspielerin: «Das ist jetzt Damenwäsche.»

Ich finde meine Ausweise nicht, habe die Taschen offenbar vertauscht, gebe ungenaue Auskünfte und mache mich dem Polizisten gegenüber immer unglaubwürdiger. Ich verweise auf das Eis mit Früchten, das in meiner Tasche im Auto eingepackt liegen müsse, finde auch die Dose, in der sich aber große Tauwürmer befinden, wie man sie zum Angeln auf Aale verwendet. «Wen oder was haben Sie denn damit wieder angeln wollen, Herr Doktor?»

7.12.78

5

Auf einer schwarzen Geröllhalde sitzen Jungen in kleinen Gruppen beim Drachensteigen. Ihre Drachen stehen sehr hoch und still über Schlackenbergen und in die Erde gesunkenen Förderkippen. In einer Gruppe ein weißfleischiges Mädchen, das mit zurückgelegtem Kopf zu dem Drachen hinauf in den fliederblauen Himmel schaut und etwas fragt, was ich nicht verstehe. Ich bin einer der Jungen, aber in dieser Gegend fremd, nur ferienweise geduldet. Die Jungen schicken Nachrichten zu den Drachen. Sie schreiben Sätze auf weiße Zettel und lassen sie an der Drachenschnur in die Höhe steigen. Sie tun geheimnisvoll, machen das Mädchen auf mich aufmerksam, der ihre Mitteilungen nicht versteht. Ich trete wie unbefangen näher, zerschneide die Drachenschnüre mit meinem Taschenmesser. Sie laufen den Drachen nach. Die Drachen sind aber schwarze Vögel, die im Aufwind höher kreisen. Das Mädchen zeigt nach ihnen, benetzt ihren Zeigefinger, als wolle sie die Windrichtung prüfen. Sie schaut zu mir hin, der ich in einer großen Röhre sitze, die warmes Abwasser aus einem Fabrikgelände in den Rhein bei Hamborn leitet, und schreibt etwas in die Luft, aber in der I-Sprache.

Sonntag, 10.12.78

6

Ich beobachte einen jungen Mann in grünlicher Uniform, der in einem nächtlichen U-Bahnschacht Leute filzt, die dort schlafen, Papiere verlangt, in Taschen herumkramt. Es scheint, daß ich auch nur über mäßige Papiere verfüge. Der junge Mann sieht in den Pappkarton eines alten Penners, weil er dort Drogen vermutet, starrt und erbricht sich plötzlich über den am Boden liegenden Mann. Der Mann wacht davon auf und wendet sich langsam dem Erbrochenen zu. Er läßt sich auf die Knie und beginnt es zu essen, wie ein Hund sein Erbrochenes vom Boden aufleckt.

Es ist die Annahme einer schrecklichen Schuld, und die Lust dazu, denke ich im Halbschlaf. Es ist die unsicher gewordene Gewalt, die sich erbricht, denke ich auch. Und noch: Ist diese Szene auf der Bühne darstellbar?

14.12.78

7

Bei einer Zugverschiebung in Frankreich desertiere ich im Kriege aus der Armee, verstecke mich in einem Kohlebunker. Benno Besson weiß einen heimlichen Weg aus dem besetzten Frankreich in die Schweiz. Nach nächtlichen Fußmärschen in Zivil gehe ich mit Benno bei einer umgebauten Tankstelle über die Grenze, ohne angehalten zu werden. In einer Bahnhofswirtschaft bestelle ich bei der Kellnerin ein «doppeltes Pflümli», zeige ihr Ausweise und Euroschecks. Weil sie die Bestellung nicht ausführt, schöpfe ich Verdacht, sie könne mit deutschen Stellen in Verbindung stehen, und verschwinde.

Ich suche ein Telefon, weil ich der Mutter und dem Vater telefonischen Bescheid versprochen habe. Wenn es viermal hintereinander bei ihnen anrufe, ohne daß sich jemand melde, sei ich im Ausland in Sicherheit. An einem Bahnsteig ein Zug unter Dampf, aber noch Zeit zur Abfahrt. Das Telefon ist in einem Pissoir über einem ganz niedrigen Pißbecken, vielleicht für Rollstuhlfahrer. Ich kriege aber keine Verbindung, die eingeworfenen Geldstücke werden durch das Pißbecken zurückgegeben. Wie ich auf den Bahnsteig zurückkomme, ist der Zug schon in Fahrt. Ich springe auf das Trittbrett, kann aber nicht in den Zug gelangen, weil die Türen hydraulisch schließen. Auf dem Trittbrett hockend, die steifen Hände am Türgriff, fahre ich durch verschneites Gelände. Beim ersten Aufenthalt springe ich vom Zug. Dabei reiße ich ein silbernes Barbierbecken von einem Laden, es rollt quer über den Platz. Ein Junge wird deswegen beschuldigt, ich bekenne dem Barbier gegenüber, daß ich der wahre Schuldige sei, und erstatte zwei Barbierbecken.

16.12.78

8

Unter einer Glasglocke ein Frauenkopf, der mich ansieht, von weißen Kerzenstummeln umstellt. Der Körper muß wohl in dem Kasten darunter sein, etwas Tresorähnliches oder eine Telefonzelle

(Teleklopfzelle?). Ich bemerke, daß auf die Frau geschossen wird, höre die Kugeln aber an der Glasglocke abprallen, und jedesmal benetzt die Frau ihre vollen Lippen, anscheinend aber kaum beunruhigt. Ich nähere mich der Frau, indem ich von Gebüschen gedeckt in die Telefonzelle krieche, um eine Fangleitung zu bestellen, aber in der Leitung ist ein verklebtes Stimmengewirr. Ich versuche ein vielfarbiges Drähtebündel zu entwirren, da fühle ich den Druck ihrer weichen Schenkel an meinem Ohr, taste mich zu ihrem Schoß. Geflügelte Ameisen fliegen um mich rum. Unter dem Glassturz eine Monstranz in einen Blumentopf betoniert, drumherum Schuhwichsbüchsen. Es ist die Stimme von H., aber doch nicht deren Körper.

18.12.78

9

In einer von Baumaterialien verdreckten Landschaft gehe ich mit der Mutter spazieren. «Was waren das für Bäume, was waren das für Sandwege! Allein wie die Hummeln gesummt haben!» Sie fällt plötzlich durch einbrechende Erde in eine Höhle, eine Art Mülldeponie, wo auch schon andere Frauen umherirren. Von oben her gebe ich ihr gute Ratschläge, da wieder herauszukommen, werfe zu ihrer Orientierung auch einen Zwirnsfaden hinab, springe aber nicht hinunter, sie im Dunkeln zu begleiten. Ein Eisenwagen kommt mit schwarzen Metallarmierungen, ich hindere den Fahrer, die in das Loch zu kippen, halte auch eine Baukolonne mit Betonfertigteilen auf. Jemand sagt: «Das soll doch hier ein Flußerholungspark für unsere Nichtschwimmer werden.»

20.12.78, 5 Uhr 20

10

Erwache in einer finsteren Schlafkammer voll Federbetten. An meiner Bewegung merkt ein anderer, daß ich in seinem Zimmer bin. Er schreit wild und schrill. Danach versuchen wir uns im Dunkeln zu finden und umzubringen.

21.12.78

11

Uraufführung eines Stückes von Peter Hacks, vollkommene Alexandriner, in denen nichts stand. Als sich der Vorhang für die Schauspieler öffnete, war der Zuschauerraum leer. Das Stück soll jetzt gestrichen und durch andere Szenen ergänzt werden. Peter wohnt bei uns, oben in der Mühle und mit Anna, seiner Frau. Die Mühle liegt aber in der DDR. Frühstück in kurzem Hemdchen mit erigiertem Penis, der mich beim Frühstücken stört. Ich hole immer neue Essensgenüsse aus Schränken und biete sie auf vielen Tellern an. Es kommen immer mehr Bekannte dazu. Am Nachmittag will Peter ins Kino, und ich schließe mich an. Abends soll 200 Kilometer entfernt ein fremdes Stück angesehen werden. In einer Grenzbaracke bei Potsdam werden wir kontrolliert. Die pedantischen Grenzbeamten lassen mich alles aus den Taschen kramen, auch Salzstangen und stapelweise Pappe, die ich danach wegwerfe. Ich mache böse Bemerkungen, die nicht beachtet werden. Merkwürdigerweise finden andere Bekannte, auch Peter und Schubi zum Beispiel, das Verhalten der Beamten in Ordnung.

Karge hatte in der Hackschen Aufführung etwas allgemein Bekanntes in feinen Terzinen aufzusagen, beteiligt war eine Schauspielerin Dunckmann (?). Nach meinem Vorschlag sollte das Stück aus preußischen Prostitutionsbereichen ergänzt werden. Wegen der neurotischen Verfeinerungen hielt ich das für ergiebig. Peter tendierte zu historisch-mythologischen Ergänzungen, die mir entfallen sind.

Mir war das Durchfallen des Stückes ganz recht, es erneuerte unsere Freundschaft, was ich gerne wollte.

26.12.78

12

In der Fortsetzung des Traumes rede ich mit Peter Hacks von meinen Arbeitsplänen. Er hebt auf meine notorische Faulheit ab, und ich entschuldige mich, ich hätte doch in den letzten Jahren viel gemacht, mache jetzt sogar mal wieder ein Stück, ein neuer Roman, RAPP, HEINRICH, sei halb fertig ... Er wolle gerade heute einen Roman abgeben, sagt er zu meiner Überraschung. Wo? Bei Pahl-Pagenstein. Du bist verrückt, gib ihn der AutorenEdition. Er will aber zu Pahl-Pagenstein, einem Parteiverlag. Ich frage, wieviel er täglich schreibe. Er traue sich täglich zehn Seiten zu. (Das hat mit der Handschrift von Hacks zu tun, die zehnmal kleiner als die meine ist.) Ich bin sehr neidisch dieser Arbeitsfähigkeit gegenüber. Hinter seinem Rücken zeigte Anna ein paar leere Blätter, von einem Ast durchbohrt.

26.12.78

Ast-Stiel-Stil? P. H. hatte mir früher geschrieben, er produziere ganz leicht, seit er seinen Stil gefunden habe.

13

Eine junge jüdische Frau muß verborgen werden. Sie darf nicht auf die Straße und soll auch in der elterlichen Wohnung nicht von fremden Leuten gesehen werden. Wenn Leute kommen, steht sie in Nischen oder Schränken, hockt auch hinter Badewannen. Die nahezu stumme Frau ist wie anonym und auch merkwürdig körperlos, aber man vermutet sie überall. Es kommen oft Leute in die Wohnung und oft Fremde ohne Ankündigung (vielleicht in die Praxis meines Vaters?), es muß ein unzugänglicher, möglichst auch unbekannter Raum für die Frau gefunden werden, vielleicht ein doppelter Boden, der dann auch tatsächlich eingezogen ist, und sie lebt über längere Zeiträume darin. Problematisch ist das Wegschaffen der Exkremente. Die Faeces müssen in einem Plastiksack und jeweils mit anderen Sachen in die Mülltonnen gebracht werden. Die sind aber neben der Tür des Nachbarhauses und werden von dort aus wahrscheinlich beobachtet. Weil das bei einem Kind am wenigsten auffällt, wird mir das Wegbringen der Exkremente übertragen.

Über einer Badewanne weiße Kittel, die mein Vater anzieht. Ich höre einen Disput zwischen Mutter und Vater. Die Mutter will ihn von etwas abhalten. Es hat sich an der Klinke der Nachbarstür eine Vorwölbung herausgebildet, die von meinem Vater abgesägt wird. Meine Mutter redet auf ihn ein, weil sie den mißtrauischen Nachbarn wegen der geheimen Deponierungen in der Mülltonne nicht verärgern will. Mein Vater fährt aber fort, bis die vorgewölbte Türklinkenecke zu Boden fällt. Als sich der herauskommende Nachbar beschwert, wirft er ihm das Eisenstück in sein Stubenfenster.

Mittwoch, 27. 12. 78

14

Jemand schmeißt eine kleine Blumenvase um, ein riesiger Berg Scherben wächst hinter ihm auf und verfärbt sich.

30. 12. 78

15

Entziffere Wörter mit schwärzlicher Kreide an schwarze Tafel geschrieben, darunter andere Wörter in Kreidespuren oder eingeritzt: Camoufler les fourrures-camouflage des follure-follies-cameleon – alles sehr ungewiß und vieldeutig.

30. 12. 78

16

Der Maler Schallaupt, von dem ich ein Bild gekauft habe, äußert sich zu dem dargestellten Vorgang. Eigentlich sei eine Dreiergruppe zu sehen, ein scheißender, beinloser Soldat, der von zwei Kameraden gehalten wird. Er habe selbst auf dieser Latrine gesessen, die keine richtige Grube gehabt habe, aber eine Fensterfront hinter den Defäzierenden. Ich sitze als Soldat jetzt ebenfalls dort. Dabei habe sich ergeben, so Schallaupt, daß ein Hosenbein der herabgestreiften Militärhose den beinlosen Soldaten vom Bild gewischt habe, der Kot (bzw. die Farbe) sei jetzt an der Hose, und auf dem Bild sei bedauerlicherweise nur noch die Zweiergruppe ohne das beinlose Kernstück. Sein Freund Bertolt Brecht habe sich über die schlechten sanitären Verhältnisse beschweren wollen, die jede Kunstanstrengung zunichte machen, sei aber nicht durchgedrungen. Ich zeige Pia das um seine Wirkung gebrachte Bild, weil eben der dritte Soldat fehle. Im Bataillon fragt jemand, ob es sich um den Ingenieursstudenten Schallaupt handele, der sich ständig auf seinen toten Freund Brecht herausrede, in Wahrheit aber unfähig sei, die erforderlichen Korrekturen zu machen. Es könne doch zum Beispiel eine hübsche Schwester an die Stelle treten, ob nun beinlos oder nicht.

2.1.79, 1 Uhr 45

17

Ich bin in eine provinzielle Versammlung mit provinziellen Themen geraten. Um schnell wieder wegzukommen, erledige ich die konkreten Tagesordnungspunkte mit Sarkasmus. Dabei tauchen zwei Schwierigkeiten auf: Meine Sorte von Witz wird von der Versammlung nicht verstanden, da ein Sinn für Ironie einfach nicht entwickelt ist, zum anderen habe ich eine falsche Tagesordnung, sie stammt von einer früheren Versammlung mit schon behandelten Thesen.

2.1.79, 5 Uhr

18

Der Schauspieler Rudolf Wessely will mit mir nach Hamburg fahren, muß allerdings noch von einer Generalprobe befreit werden. Er trete nur im letzten Akt eines unbedeutenden Stückes auf, das auf Abschreibung inszeniert werde, aus Geldgründen aber zwei Regisseure habe, Schweikart und Viertel. Alle hofften inständig, daß bei der Sache nur gezahlt und nicht auch noch gespielt werde. Ich solle jedenfalls auf ihn warten. Die Freigabe, es scheint, hängt aber vom Ausgang eines komplizierten Lochspiels ab, dem sich jeder Passant unterziehen muß. Auf einem bahnhofähnlichen Gelände mit eisernen Barrieren und Sperrgittern werden eiserne Kugeln mit der Hand geworfen. Meine Kugel verfehlt beim ersten Wurf die beste Möglichkeit nur knapp, jetzt muß ich von Loch zu Loch vorwärts, durch einen Omnibus offenbar. Die letzte Lösungsmöglichkeit, die ich auch schaffe, heißt ‹der umgekehrte (perverse) Baron›. Dabei muß man die Kugel hinter sich aus der Tiefe holen und in eine entfernte Kuhle aus Stoffen werfen.

2.1.79, 5 Uhr 35

19

An einer frisch renovierten weißen Barockkirche in Krefeld, Kurfürstenstraße, Nähe Albrechtsplatz (die Topographie im Traum entspricht nicht der wirklichen), ein breites rotes Gasthausschild. Es zeigt an, der Wirt sei Mitglied der DKP und wolle seine politischen Ansichten auch in seiner Kneipe vertreten. Keinesfalls wolle er sich aus dem Kirchenbau vertreiben lassen. Ich erzähle jemandem, ich sei mit einem englischen Besucher dort gewesen, um ihm eine originelle Kneipe zu zeigen.

Ich wohne in einem Raum, ein ausgedehntes, baumbewachsenes Gelände, von einem Fluß durchflossen, kilometerweit vom Bett zum Schreibtisch.

2.1.79, 9 Uhr

20

Die junge K. S. kommt am Abend in meine psychiatrische Praxis, um ihre Schwierigkeiten zu besprechen. Ich begebe mich ihr zuliebe in ihr Wahnsystem, um mit ihr darin zu wohnen und es dabei ausführlich genug kennenzulernen. Gegen meinen gedanklichen Widerstand kann ich ihrer sexuellen Anziehungskraft nicht widerstehen, berühre wie zufällig mit der Außenseite meiner Hand ihren Busen, bis sie meine Hand festhält, die Brustwarze zwischen Ring- und Mittelfinger bewegt. Ich entschuldige mein Verhalten vor mir mit der ‹Heilkraft der Liebe›, will aber doch die Wohnung verlassen und bringe sie zur S-Bahn Berlin-Friedrichstraße. Ich fahre dann aber mit ihr bis in die Außenbereiche Berlins, wo die S-Bahn an einer Baustelle endet. Wir gehen durch Unterführungen und über Gleisanlagen, hocken aneinandergeschmiegt in Wartehallen. Es fahren alte, zusammengeflickte Züge vorbei, auch russische mit Verpflegung in Säcken und Kanistern. Im Wartesaal Pappkisten und zusammengeschnürte Koffer, übernächtigte Soldaten, eine Nachkriegsatmosphäre, ein Geruch nach Machorka und geölten Dielen. Bei einem Soldaten sehe ich den Penis, der sich wie bei einem Hunde ausdehnt, wenn sich der Mann aufrichtet. Wir warten in Staaken auf die erste S-Bahn zurück nach Berlin, grauer Morgen, durchnäßte Kleider, und es ist mittlerweile sechs Uhr. K. schläft in meinen Armen, und ich schlafe auch, aber wir simulieren den Schlaf, um uns auf so geschützte Weise näher zu kommen. Ich überlege, wie ich meine lange Abwesenheit erklären soll, Pia wird gleich annehmen, ich hätte mit K. geschlafen. Ich könnte einen befreundeten Bühnenbildner besucht haben, der schwer krank in einer Klinik liegt und von niemandem besucht werden darf. Es scheint mir aber dann richtiger, zu behaupten, die Zeit sei in der Lichtgeschwindigkeit verloren gegangen, was eine Chance hätte, wissenschaftlich geglaubt zu werden. Zumal in der Beziehung zu K.'s Wahnsystem.

4. 1. 79

21

«Licht kommt schnell, wenn es weiß, daß es in den 2. Band aufgenommen wird. Folgt ‹halupinen Reizen›. (Quantenerforschung des Lichts.)»

4.1.79

22

Ich schlafe in einem Trickbett. Bälle und andere physikalische Körper schwimmen darin herum. Es sind genau berechnete Körper verschiedener Konsistenz, und aus der Konsistenz ergibt sich die Farbe wie ihre Schnellkraft. Wenn ich einen ins Lila gehenden Anthrazitkeil drücke, verkleinern sich die Zudecken, ein schwarz-grüner Melonenkörper verwandelt das Bett vorübergehend in eine Steinschlucht.

4.1.79

23

In einem Schlafwagenabteil packe ich eilig meine Sachen zusammen, denn der Zug hält bereits. Toilettensachen in einen Spezialbehälter, Notizbücher, Kugelschreiber, Papier und Streichhölzer in einen Schuhkasten, Schuhe, Socken und Wäsche in eine Schreibmaschinenhülle. Ich wickle alles zusammen und werfe es aus dem Fenster, entschließe mich weiterzuschlafen.

4.1.79

24

Ich seziere eine junge Frau, die wohl auf meiner Station mit unklarer Diagnose und in meiner Abwesenheit gestorben ist. Ihr weißer Leib ist wie aus Wachs modelliert, an einem kleinen Teil des Gesichts ist aber die mimische Muskulatur wie in einem Anatomieatlas freigelegt. Gewaltig für die zarte Frau der struppige schwarze Venusberg. Ich bin allein in dem Pathologiesaal, die Sektion soll auch auf das Gehirn beschränkt bleiben, möglicherweise geht die Initiative nur von mir aus, weil ich die Krankheitsannahme der Klinik bezweifle, außer mir aber niemand mehr an einer exakten Diagnose interessiert ist. Wie ich die knöcherne Schädelklappe mit der Elektrosäge entfernt habe, sehe ich die Hirnhäute blaß und ohne jede Spur von Entzündungszeichen, nicht einmal das Hirnwasser weist auf blutige Beimengungen. Besonders das Stirnhirn ist reich gefaltet und sehr schön anzusehen. Wie ich das Gehirn aus der Schädelhöhle nehmen will, im Begriffe, es am Hirnstamm zu durchtrennen, beugt sich der offene Kopf nach hinten, und ich sehe die Hirngefäße pulsieren. Die Frau zieht ein Knie an, um von dem steinernen Tisch herabzusteigen. In der dunklen Tür steht meine Mutter und winkt uns. Ich überlege, wo kann das Stück Gesichtshaut hingekommen sein?

5. 1. 79

25

D-Züge mit Überschallgeschwindigkeit, Pullmanwagen, in denen ich mich aber verstecken muß, wenn der Schaffner kommt, denn ich bin auf der Flucht.

Zwölf Hoden an meinem Penis, stark und farbig wie ein Schellenbaum.

Jacken und Pelze übereinandergezogen. Mikrofilme von Manuskripten in die Sachen eingenäht.

Schwarzlackierte Luxuslimousinen in perfekter, teurer Autowerkstatt. Männergesichter, die ihre Gesichtszüge verlieren wie

Friseurpuppen. Teure Toiletten, kristallverspiegelt und einsehbar. Feuchtgrünes Klosettpapier, superhygienisch, das folienmäßig auseinander gezogen wird, anale Empfindungen.

Ich wehre ab, daß sich andere in mich einmischen. Höre sehr schnelle Zuggeräusche.

Finde keine verbindende Handlung zwischen den Traumteilen.

5. 1. 79

26

Ich soll mit einem Schiff nach Amerika reisen, offenbar für länger. Es dürfen nicht viel Sachen mitgenommen werden. Die Auswahl der benötigten Bücher ist schwierig. Schleppe Bücher aus einem Gepäckraum in eine große Schiffskabine, bringe andere zurück, entferne von einem das Titelblatt. Es besuchen mich zwei junge Leute, engelhaft bleiche Gesichter mit wildem Haarschopf. Sie nennen mich Genosse, grüßen, indem sie sich die rechte Faust vor die Stirn halten. Es kommen zwei Mädchen dazu, die verbundene Hände haben und ebenso begrüßt werden. Als eines der Mädchen ihre Hand hebt, sehe ich durch den Verband hindurch ihre sehr klaren Handlinien. Ich erkenne daraus, daß sie etwas Geheimnisvolles vorhaben. Es ist ein amerikanisches Schiff, und wir sprechen englisch. Es fehlen mir Worte aus dem Gerichtsbereich, und so entschließe ich mich, doch noch ein Dictionary mitzunehmen. Die jungen Männer, einer wird Stefan genannt, sagen, daß sie von ihrer Ausbildung her Juristen seien, junge Richter eigentlich. Das Mädchen hebt die verbundene Hand und lacht. In einer der offenstehenden Kabinen sehe ich Ernst Bloch auf einer Chaiselongue liegen, er trägt ein gesticktes Käppchen, ist auch sonst sorgfältig und etwas exzentrisch angetan. Er hat eine dunkle Brille auf, sieht offenbar nichts, streckt mir flüchtig seine Hand hin, aber an mir vorbei. Er verwickelt mich gleich in ein Gespräch über die Judenfrage in der revolutionären Bewegung, zitiert aus dem Gedächtnis Teile des frühen Aufsatzes von Marx zur Judenfrage, den ich aber anders als er gelesen habe. Mein Nachteil ist, ich sehe, und habe infolgedessen kein so scharfes

Gedächtnis wie er. Ich meine, der Aufsatz beziehe sich auf Christen so gut wie auf Juden, auf das Kapitalfixierte im Judentum wie im Christentum, gerate aber ins Ungenaue und will nachlesen. Es gibt in einer Kabine eine Art Handbibliothek, wissenschaftliche Standardwerke, aber nicht den gesuchten blauen Band. Ich eigne mir einige Bände der wohl für alle gedachten Bücher an, entschuldige mich damit, daß sie hier doch von niemandem gelesen würden. Es stehen jetzt noch mehr junge Leute auf dem Gang herum, und einer sitzt auch in meiner Kabine.

Ein Schneider repariert eine neue schwarze Hose von mir mit großer Schere und Nähzeug. Er richtet mehr Schaden an, als er gut macht, behauptet, jetzt sei alles wunderbar. Ich bemerke aber Schnitte im Stoff, da erklärt er mir, die seien vorgesehen, um eine Vergrößerung der Hosentaschen zu ermöglichen.

Eine militante sozialrevolutionäre Gruppe, die mit den jungen Leuten offenbar in Verbindung steht, hat Schmidt gekidnappt, und ich soll ihn in einer leer geräumten Ladeluke bewachen. Mit der Drohung, ihn zu erschießen, soll ein Saal mit hohen Regierungsbeamten und Militärs abgehalten werden, «gewalttätig und kriegsmäßig» zu handeln. Ein verzweifeltes und, wie mir scheint, ziemlich aussichtsloses Unternehmen. Ich ordere die schwarz gekleideten Herren in eine Reihe, um Übersicht zu bekommen. Die Militärs knien in einer Art Kirchenbank, aber die Mehrzahl sitzt unübersichtlich im Saal herum. Gegen die dauernde Ermahnung, keine Gewalt anzuwenden, die Katastrophe zu vermeiden, schießt jemand aus dem Saal auf ein Mitglied der sozialrevolutionären Gruppe. Ich weiß nicht, wer geschossen hat und nicht, wer erschossen wurde. Es wird aus dem sehr abstrakten Vorgang aber abgeleitet, daß nunmehr Schmidt von mir zu erschießen sei. Ich wende ein, daß eine nur vorgetäuschte Erschießung dem Saal gegenüber denselben Zweck erfülle, daß es allenfalls genügen müsse, ihm in den Arm zu schießen. Da werden mir die verbundenen Hände des Mädchens gezeigt und aus Silos auftauchende Atomwaffen. Ohne erkennbaren Sinn erschieße ich Schmidt, aus dessen Körper aber kein Blut fließt. Er sitzt wie vorher auf einem Metallcontainer und scheint aus Gips.

Es werden aber die Taue des Schiffs gekappt, zur Fahrt nach Amerika.

7.1.79

27

Krieg, Nazizeit. «Schaltet das Radio ein.» Es knattert. Pfeifen der Rückkopplung. Ein Schreibheft: «Ich bestätige meinem Lehrer ausdrücklich, daß er mich jederzeit schlagen darf.» Ich will ihn zu einem Angriff ermutigen, um zurück zu schlagen. Er wird das sonst nicht wagen.

Hamburg, 12.1.79

28

Ein geschlachteter Polyp auf meinem Teller. Aus abgeschnittenen Kapseln mit Schlitzen züngeln Schneckenhörner, deren Sekret ein Marienkäfer aufsaugt.

Hamburg, 12.1.79

Die Kapseln und die Schlitze erinnern an die Kapsel meines Rasierapparats der Marke Philips.

29

Ein jüdischer Freund besucht uns in Angelsbruck. Ich suche ihn im ganzen Haus, finde ihn schließlich in unserm Schlafzimmer. Er sitzt auf meinem Bett und blättert verlegen in einem Buch. Da kommt eine junge Negerin aus dem Kleiderschrank, ein Heftpflaster auf dem Rücken, und lacht. Ich mache ihm Vorwürfe, das sehr junge Mädchen sei uns von afrikanischen Freunden anvertraut, solle hier Deutsch lernen und das Anlegen von Verbänden, bis es in seine Heimat zurückkehren könne. Der Freund scheint meine Vorwürfe nicht zu verstehen, er steht vom Bett auf und fragt: «Ist das Mädchen eine Negerin oder nicht?» Da schmeiße ich ihn aus dem Hause.

In den Fahnen seines Romans, die er mir hier gelassen hat, finde ich wechselnde Pseudonyme, Phantasienamen, Neomihel zum Beispiel. Überlege, ob meine vorurteilsvolle Suche nicht ebenfalls rassistisch ist.

Hamburg, 13.1.79

30

Ein Haus stürzt ein, aus Glastrümmern kriecht mein Vater, ein Pincenez auf der zerschlagenen Nase und in einem angebrannten Nachthemd. Er will mich bewegen, die «wirklich wichtigen Sachen» aus dem Haus zu retten, ein «Gehirn aus Stein, das kein Schrecken heimsuchen kann». Das Haus scheint auch zu brennen, die Treppen sind eingestürzt, und mein Vater kommt, um Atem ringend und mit leeren Händen, aus dem Rauch. Ich spritze ihm ein Asthmamittel, versuche ihn damit zu trösten, daß ein «Gehirn aus Stein» sich selber rette. Ich bin aber das Gehirn aus Stein, ein nierenförmiger, mit Binden zusammengebundener Stein, den ich meinem Vater als Kissen unter seinen Kopf legen will, und den er verweigert.

Hamburg, 15.1.79

31

In einer halbleeren Kongreßhalle spricht Unseld vor Schriftstellern, vielleicht auf einer PEN-Tagung. U. ist aber unsichtbar, er spricht über Mikro aus einem unzugänglichen Raum. Die Hörer schließen die Augen, schlafen alsbald tatsächlich, was ich an einer Art von Atemmelodie erkenne, obwohl einige vorgeben, mit geschlossenen Augen besonders intensiv zu hören, wie im Konzertsaal. Ich werde von Leuten gedrängt, mich zu den Ausführungen zu äußern, es sind aber keine Ausführungen, sondern U. liest ein Stück jambischer

Prosa, die einfach einschläfernd wirkt. Ich weigere mich zu reden, es gibt rein stofflich kein Material zu einer Gegenrede, und ich schlafe selbst. Später fordert aber Stefan Heym von mir das Manuskript der Rede und meint, ich wolle mich mit meiner Behauptung, nicht geredet zu haben, nur ausreden. Ich räume schließlich ein, nach meiner Gewohnheit nur nach Stichworten geredet zu haben und sehr kurz.

Hamburg, 16. 1. 79

32

Zu Unrecht habe ich Hubert, einem Sohn des Hanselbauern, eine lange Nilpferdpeitsche mit der Axt gekappt. Der Junge hat mich nicht damit getroffen, ich behaupte das aber. Hubert beschwert sich bei seiner Mutter, die aber meine Partei nimmt und sich für den Sohn entschuldigt.

Später gehe ich mit Pia an dem Gehöft vorbei und sehe eine ausgehöhlte braune Birne auf dem Weg liegen. Ich nehme das als einen Hinweis auf bevorstehende Angriffe jugendlicher Banden, Negerjungen aus den Slums von Rio. Es kommen junge Männer mit großen Apfelkörben, die sie über uns weg in den Bauerngarten kippen. Es tropft auf uns, denn die grünen Äpfel sind mit Honig und braunem Zucker vermischt.

Hamburg, 17. 1. 79

33

Schweikart tanzt mit mir in einem Zimmer im ersten Stock, Blick auf den belebten Steindamm und einen Spielsalon. Einer «Einheit der homosexuellen Männer» könne man nur die «Einheit der homointellektuellen Menschen» entgegenstellen. Er hat mich um den Leib gefaßt, tanzend sehe ich auf seinen schütteren Scheitel.

Hamburg, Donnerstag, 18. 1. 79

Als wir gestern durch den Steindamm fuhren, erzählte der Musiker Peter Fischer, daß Schweikart so gerne das dort befindliche Hansa-Theater besucht habe.

Es kann auch sein, Schweikart hat von der «Einheit der homosexuellen Frauen» gesprochen.

34

Von einer langen Reise, ich glaube nach Afrika, zurückgekehrt, werde ich in einer Quarantänestation festgehalten. Mir sollen die langen Haare geschnitten werden. Die Station ist ein hölzernes Gestell, eine Art Pferdestall. Ein schwarzhäutiger Friseur hängt mich mit dem Kopf nach unten und macht sich mit einer Riesenschere an meinen Haarschopf. Ein Dr. Esthers, Dirigent, möglicherweise ein Schulkamerad, soll mit mir die Haare geschnitten bekommen. Ich habe Zweifel, ob meine Frisur leidlich ausfallen wird. Mit dem Kopf nach unten hängend, bemerke ich meine Eltern, die in einer Gruppe von holländisch sprechenden Fremden in die Quarantänestation kommen und mich freudig begrüßen. Meine Mutter küßt und umarmt mich, sie hat kurzgeschnittenes rotes Haar und zeigt mir versteckt eine Nummer, in ihre Handfläche geschrieben, eine Zehn, eine Null, eine Drei. Mein Vater hat links ein Glasauge, sein Gesichtsausdruck ist streng und starr. Es wird von seiten der Holländer (oder Südafrikaner?) geäußert, daß mich noch gar niemand treffen dürfe, wegen der Quarantäne, meine Desinfektion sei noch nicht beendet. Jemand mit Gummihandschuhen hält eine Spritze unter einen Scheinwerfer und steckt eine Kanüle darauf.

Die Eltern setzen sich auf eine Bank in dem schwarzen Gestell und warten.

Hamburg, 19. 1. 79

Der Kontext ist, bei einer Preisverleihung soll ich in Bremen eine Laudatio zu Uwe Timms Roman «Morenga» halten, der im ehemaligen kolonialen Deutsch-Südwestafrika, dem heutigen Namibia, spielt.

35

Lauchsuppe, in der ich schlafe. Vier Balken, die beim Aufstehn und Niederlegen zugemacht werden. Aber auf ganz unbemerkbare Weise. Das Nebenbett hat zwei solche Balken.

Hamburg, 24. 1.79

36

Fahre mit Alexander Kluge von Bonn nach Köln. Kluge erzählt mir, hier seien Prüfanlagen installiert, die bei den Vorbeifahrenden die Konzentration von Ätzflüssigkeiten in Mund und Anus messen würden. Ich sehe die langen Silberröhren mit offenen Klappen.

Bremen, 27. 1.79

Ich hatte am Abend vorher mit Kluge über seine Anregung geredet, gemeinsam ein Buch zu schreiben. Jeder solle Geschichten schreiben, die mit den Thesen aus den Grundrissen der Kritik der Politischen Ökonomie von Karl Marx zu tun hätten.

37

Ich sortiere einen Nachlaß, der aber vorwiegend aus Brillen besteht und einigen Hörgeräten. Die Brillen sind von ganz unterschiedlicher Sehschärfe, auch verschieden groß, aus ganz verschiedenen Zeiten stammend. Ein Zwicker an schwarzer Seidenschnur hat ein Glas, das verkleinert, und eins, das vergrößert, anscheinend ist in der Mitte auch noch eine Lupe eingebaut. Ob es sich vielleicht um eine Brillensammlung handelt? Um einen sittengeschichtlichen Beitrag zur humanen Sehschwäche? Die Hörapparate sind auch eher von ihren verschiedenen Systemen her interessant, sie stellen keine Hilfe dar, da ihre Batterien aufgebraucht und nicht mehr im Handel sind. Mit einem Gerät ist mir, als höre ich alles in einer mir fremden Sprache. In einer Plastiktüte noch viele Bleistiftstummel, die schreiben.

Hamburg, Sonntag, 28. 1. 79

38

Auf einer Wanderung bin ich in ein helles Haus eingekehrt, das N. H. mit ihren Eltern bewohnt. Ich komme aus einem Zimmer in den Flur, um mich zu verabschieden und N. zu küssen. Sie macht mir ein Zeichen, doch um die Ecke zu gehen, wo wir unbeobachtet wären. Dort hat aber ein Hund, der der Familie geschenkt worden ist, alles voll gemacht, eine riesige Schweinerei. Eine ältere Frau, wie ich zu Besuch und vielleicht die Schenkerin des Hundes, ist verzweifelt bemüht, die Sache in Ordnung zu bringen, aber es gelingt ihr nicht. Da kommt die Mutter von N., es ist meine Tante Klagla (Kinderverballhornung von Klara), und macht gehässige Bemerkungen über geschenkte Hunde, die nur alles versauen. Ich habe N. ebenfalls ein Geschenk gemacht, eine Porzellanpuppe auf einem Dreifuß. Sie stellt die Königin Maria Theresia in voller Blüte dar, wogegen N., die selbst noch fast ein Kind ist, aber sehr aimabel, nur über Maria-Theresia-Puppen verfügt, die noch Kinder sind. N. scheint Maria-Theresia-Darstellungen zu sammeln.

Das Gezeter von Tante Klagla im Ohr, entschließe ich mich, ohne Kuß weiterzuziehen. Die Landschaft, ein fernes Gebirge mit einer schattigen Burg, der Wartburg, ist wie ein Gemälde von Philipp Otto Runge stilisiert. Sie scheint mal nah, mal fern, mal verschwimmend, mal deutlich. Aus einem Friedhofstor tritt eine nackte Frau, das lange Haar wie eine Gewandstudie um ihren Körper geschlungen. Cypressen rechts und links. Ich sehe sie aus dem Auto, ich habe in einer Ausbuchtung der Straße gehalten, um ein paar Jungen auf der anderen Straßenseite nach einem Ort zu fragen, den ich erreichen will. Sie scheinen den Ort nicht zu kennen.

Hamburg, 1.2.79

Ich habe N. H. am Abend vorher in einem Lokal getroffen, sie war von ihrem Mann begleitet und ihrer sehr alten Mutter. Ich sprach aber nur mit N. H.

39

Erwache durch mein eigenes Lachen über einen Witz. Die Pointe war Theo-Sophie. Der Mädchenname Sophie und Theo = Gott. Die göttliche Sophie ist die Theosophie. Ich lache immer wieder im Schlaf, wenn ich den Witz produziere. Der Theo (Jungenname) für die Sophie. Die Sophie ist die Weisheitslehre für den Theo. Immer neues, kaum zu stillendes Lachen.

Hamburg, 2.2.79

Ganz aufgewacht, finde ich nicht heraus, was an der Sache so komisch sein soll. Der materiell körperliche Aspekt in der immateriellen Lehre?

40

Ich bin zu einer Theaterprobe einer freien Gruppe in einen Keller eingeladen. Zu spät gekommen, schleiche ich mich durch einen dunklen Gang. Unter meinen Sohlen das Knirschen von Sand, langer schwarzer Mantel, an dem sich der nachtblinde Peter Huchel festhält, mein Hamburger Wohnungsnachbar. Unterwegs erfahre ich, die Probe sei auf der Probebühne im Dach, und schleppe mich mit Huchel im Dunkeln die Treppen hoch. Die Probe ist dann aber doch im Keller, und der Keller ist eine unterirdische Kirche, katakombenartig. Das Stück heißt ‹Rituale› und soll nur zehn Sekunden dauern oder zehn Stunden, das hänge von der inneren Verfassung ab. Die Probe ist vielleicht doch eine Vorstellung, es sitzen Leute auf langen, schmalen Brettern, über Steine gelegt, meist in Mänteln, Hüten oder Umschlagtüchern. Es handelt sich offenbar um Erniedrigungsrituale oder um *ein* Erniedrigungsritual. Eine Schauspielerin, blaß in einem schwarzen Männermantel, der dem meinen ähnlich ist, soll ein Glas mit ihrem eigenen Urin austrinken, dann darf sie überhaupt erst ihren Mantel ausziehen. Die Schauspielerin weigert sich, das zu tun, jedenfalls will sie nicht ihren eigenen Urin trinken, es könne doch zum Beispiel Tee sein oder Wein, es sei doch ein Weinglas. Der Regisseur erklärt ihr, daß die Szene nur funktioniere, wenn sie ihren eigenen Urin trinke, nur so entstünde für sie selbst die Erniedrigung, das Authentische der Erniedrigung. Die Schauspielerin versucht das, stellt aber das Glas immer wieder zurück, behauptet, daß niemand das fertig bringe. Da kommt eine Frau in Hut und Mantel auf die Bühne und fragt wieso? Sie nimmt das Glas und trinkt es in einem Zuge aus. Sie tue das zweimal die Woche, vor dem Frühstück, das sei sehr gesund, das werde ihr jeder gute Arzt sagen. Wenn es gesund sei, meint die Schauspielerin, dann sei das aber keine Erniedrigung, sondern eine Therapie. Ein Schauspieler, Otto Sander, bringt ein neues Glas und äußert, für ihn sei die Problematik der Szene nicht der Urin, sondern die Folgenlosigkeit der Sache. Der Regisseur hält sich die Fäuste an die Stirn, es scheinen den Proben längere Exercitien vorausgegangen zu sein. Er erklärt lange und dunkel, daß es sich um eine zu ahnende männliche Instanz wahrscheinlich handele, oder auch eine metaphysische oder metaphorische, es sei die Zeit der Helligkeit wirklich vorbei. Noch in Gedanken, trinkt er das Glas Urin aus und entschuldigt sich. Ich soll die Textänderungen übrigens beurteilen, habe aber noch keinen Text gehört. Ob nicht das Ganze in einer vollständig fremden Sprache stärker wirke, wird gefragt. Ulli Heising meint, das sei eine reine Schauspielerfrage, reine Besetzungsfrage, nur Ingrid Andree könne das spielen, nicht Nicole Heesters, die ich jetzt aber in einer Filmszene sehe, schwarz/weiß, kleines, entferntes Lichtquadrat in einer schwarzen Kammer. Es fährt ein Lastwagen mit aneinandergedrängten, kahlgeschorenen Männern durch eine belebte Geschäftsstraße, über ihren Köpfen Stacheldraht, viele Autos, einkaufende

Leute. Wie der Lastwagen vorbeigefahren ist, erkenne ich, daß die Häftlinge Frauen sind. Ich erkenne es an einem Heftpflaster im Nacken und an den weiblichen Hintern.

Hamburg, 3.2.79, 3 Uhr 48

In der Spielschule meines schlesischen Heimatdorfes urinierten kleine Jungen auf dem Heimweg in ihre blauen Emaillekannen und tranken die in einem Bravourakt aus. Ich bewunderte diese Leistung, konnte sie aber nicht erbringen, weil ich mich zu stark ekelte.

Eine Filmszene soll geändert und am nächsten Tag außen auf Lastwagen gedreht werden. Es muß eine Rolle neu besetzt werden.

41

Durch den Schlitz einer Klotür sehe ich Schubi mit erigiertem Penis. Ein Kind kommt heraus, sein Sohn Benjamin. Ille und vor allem Katja, die im Traum seine Frau ist, beklagen seine Omnipotenz. Katja klagt, sie könne nicht immerzu vom Kochen weg mit Schubi ins Bett. Es sei entsetzlich, kaum habe er was gegessen, gehe das Potenzleiden los.

Hamburg, 3.2.79

Ich drehe mit Heinz Schubert einen Fernsehfilm. Wir haben überlegt, ob seine Tochter Katja nicht eine gute Besetzung für seine Tochter im Film wäre. Im Film plagen ihn Inzestwünsche. Ille ist seine Frau.

42

War wie ein Hund befähigt, das eigene Genitale zu lecken. Steckte den Penis von großer Länge bis an die Wurzel in den eigenen Mund und empfand das als angenehm.

Hamburg, 4.2.79

43

Ich bin mit der Herausgabe der Werke des allseits verkannten Sergej Tretjakow beschäftigt, einer deutschen Ausgabe, die nicht in Russisch und keiner anderen Sprache vorliegt. Es soll ein Band mit Reisebildern vorausgehen, der nie veröffentlichte philosophische Ansichten Tretjakows enthält, eine fundamentale Kritik an den Irrwegen der revolutionären Ästhetik, von Lukács und Bucharin insbesondere. Das Material ist überreich aber weitverstreut, mal in Moskau, mal in Asien. Es scheint Interessen zu geben, das zu verstreuen. Ich fliege mit einer Afrikanerin, die mir bei der Arbeit hilft, nach Mozambique, wo aber das angebliche Archiv ganz unbekannt ist. Es soll vielleicht in einem «Spiegel»-Büro zu erfahren sein, wo es ist. Es besteht aber auch dort keinerlei Interesse. Ich sitze mit mehreren Männern und Frauen in einem klimatisierten Büro auf Klosetts beim Defäzieren und tausche Informationen aus. Als eine weitere Frau dazu kommt, wischen sich die Leute die Hintern und verabreden sich zu vertraulichen Gesprächen in einer Cafeteria. Es liegt dort aber dann nur ein Umschlag für mich, der einen weiteren Umschlag enthält und darin die Adresse der russischen Botschaft, die allgemein bekannt ist.

Ganz überraschend treffe ich meinen Schulfreund Fritz Adamy, und wir verabreden, daß wir die Ferien gemeinsam bei uns verbringen. Er fragt, ob es sich um den berühmten russischen Veterinär Tretjakow handele.

Es ist neben meinem Bett eine Mausefalle aufgestellt, die ich aber erst bemerke, als ich einen Knall höre. Eine Maus, die neben der Falle liegt, ist wie ein Knallfrosch in mehrere Teile zersprungen. Aus dem zerfledderten Kopf schaut sie mich aus Augen an, die sich langsam bewegen, die Lider auf und zu klappen. Daraus ziehe ich Schlüsse für die Tretjakow-Ausgabe, ich sollte die Tochter Tretjakows in Moskau besuchen, die müsse doch noch Schulhefte haben.

Hamburg, 8.2.79

44

Zur Befriedigung ihrer Bedürfnisse wird die Menschheit an ein Rohr- oder Schlauchsystem angeschlossen. Es gibt die Kategorien zu 10½ Pfennig, zu 30 und zu 50 Pfennig. Durch das System fließen flüssige Speisen, Stimmungslagen, Körpergefühle und Sport in molekularer Form. Der Grad der Zufriedenheit kann an mitgelieferten Monitoren farblich eingestellt werden. Warnrot markierte Gehirnkränchen dürfen mit Extrabonus abgezapft werden, ein Tropfsystem.

Das sich selbst regulierende System soll die Änderung der eigenen Lage überflüssig machen. Ich werfe mich aber im Bett herum.

Cuxhaven, Freitag, 9.2.79

45

Mit Moritz an der Hand über wunderbar klares Eis gehend, sehe ich eine eingesunkene Libelle. Wie ich prüfen will, ob sie ertrunken ist oder sich verpuppt, merke ich, daß wir auf ganz dünnes Eis geraten sind. Den Blick auf die Libelle gerichtet, langsam rückwärts gehend, gelangen wir ans Ufer.

Hamburg, 10.2.79

46

In meinem Arbeitszimmer, das mit Kostbarkeiten vollgestopft ist und eine parfümierte Atmosphäre angenommen hat, machen sich fremde Leute breit, spazieren ungeniert darin herum. Zurückhaltend versuche ich ihnen klar zu machen, daß es sich um meinen privaten Arbeitsraum handelt, und daß ich zur Arbeit allein sein müsse. Es kommen aber immer mehr Leute herein, einige mit Hunden. Sie gehen ungeniert herum, begaffen die Sachen und beurteilen sie falsch, weil sie mein eigenes Unbehagen an dem Kostbarkeitsnippes ja nicht kennen. Er ist gegen meinen Wunsch hierhergekommen. Sie hören Tonbänder ab, blättern in Manuskripten, hören sich Platten an, Bartoksche Streichquartette, die sie nicht abstellen und von schleifenden Nadeln zerkratzen lassen. Ein Zwergpudel scheißt in die drehbare Bibliotheksablage, Kinder, die an langen Tischen vorrücken wie zur Essensausgabe.

Hamburg, 10.2.79

Mit vielen Komparsen und einem Kinderchor haben wir Tage davor auf dem Hamburger Bunker die Rede von Bucksch gedreht, eine chaotische Anstrengung.

47

Ein Mann fährt mit Rappen und Kutschwagen durch den Bäckerladen in die Backstube meines Großvaters und durch die schmale Ausgangstür ins Freie bergabwärts. Ich soll mich wegen der paar Scheiben nicht aufregen und Spaß verstehen.

Auf einem Plattenwagen bringe ich alten Hausrat weg, halbkaputtes, wertloses Zeug, auch Spielsachen, alte Maschinenteile, eine defekte Schreibmaschine, alles Sachen, die zu schade sind, weggeworfen zu werden. Der Pferdewagen mit den Sachen sperrt die Straße, hat auf der einen Seite außerdem einen Schneeschieber, auf der andern eine Fräse, die Ackerschollen zu glätten, da der Wagen durch schwieriges Gelände muß. Ein schwarzes junges Schwein fährt auf dem Wagen mit, gelenkig und mit wendigem Rüssel sorgt es dafür, daß keine Sachen vom Wagen fallen. Das wild aufgewachsene muskulöse Tier ist klug und gesellig, es spielt mit mir, ein Gegenbild unserer gezüchteten Hausschweine. Ich habe eine kurze Hose aus bunten Flicken an, darüber aber einen erträglichen Mantel.

Ich habe Pia zu einem ruhigen Gespräch in ein abgelegenes Haus gebeten, das mir nicht sehr vertraut ist, das uns aber gehört. Es soll eine tiefergehende Verstimmung, eine Disharmonie beheben. Ich warte eine längere Zeit in einem Schuppen mit gehacktem Holz, fühle mich wartend nicht unwohl, schreibe was über das Warten in ein Notizheft, die Hoffnung im Warten, die Unmöglichkeit, ohne Erwartungen zu leben. Über dem Schreiben muß ich sie wohl verpaßt haben, bilde ich mir ein. Aber sie ist nicht gekommen. Es fliegt so flusiges Papier aus dem Schornstein, das können Briefe sein. Ich muß bald und für immer abreisen. Leute bringen Koffer, aber auch Packtaschen wie im Krieg. Leute machen sich im Haus und im Garten zu schaffen, fegen das Haus mit großen Reisigbesen aus. Sie bearbeiten den Garten, wie ein Feld landwirtschaftlich bearbeitet wird, aber für den Garten ist das die falsche Feldarbeit, ich kann ihnen das aber nicht klarmachen. Eine Planierraupe, die Beete zusammenschieben soll, reißt eine Hauswand ein, der Mann entschuldigt sich mit den räumlich engen Verhältnissen, ich verlange aber, daß er die Wand augenblicklich repariert. Es kommt ein hierher georderter Betonmischer mit sich drehender Trommel und kippt Beton auf das Dach, der batzig herunterfließt. Vor der Haustür entsteht ein Gebirge, das sofort erstarrt. Ich gebe Anweisungen, die ignoriert werden, meine Zuständigkeit wird wegen der närrischen Kleidung angezweifelt, das Durcheinander wird mir angelastet und als komisch empfunden. Ich deklariere meinen Aufzug als Arbeitskleidung, weise Gummistiefel vor, kaufe in einem Laden Zigaretten und einen Kasten Bier und verteile das unter die Leute. Ich rauche seit Jahren die erste Zigarette wieder, sitze mit den Leuten auf den Koffern herum, trinke und rede mit ihnen. Der Maurer Kaspar K. prüft meine Oberschenkelmuskulatur und äußert sich anerkennend, man habe mich als Schriftsteller immer für einen Ausländer gehalten. Ich halte eine kurze Rede über die Vorzüge des Chaos, das in der Praxis seine Theorie sucht. Ein Mädchen sitzt auf meinem Schoß und verlangt, daß ich die hormonale (hegemoniale?) Theorie von Gramsci anerkenne. Ich soll über ein Feuer springen, ich werde einer Art von Fahrprüfung mit doppelstöckigen Omnibussen unterzogen, soll eine Anzahl von ihnen nach der Stoppuhr auftanken. Das Benzin strömt aber zu langsam durch die Schläuche, und es beschweren sich die Tankstellen. Auch die gasgefüllten Ballons steigen zu langsam, und die von mir abgeschossenen Granaten explodieren in Zeitlupe. Ich setze mir Damenhüte auf, danach Matrosenmützen, es hilft nicht. Ich halte Streichhölzer an die Gasballone, aber die torkeln nur über den Dächern herum, erreichen nicht einmal die Kuppel des Bahnhofs.

Ein etwas komplizierter Film von mir wird von einer kugelförmigen amerikanischen Opernsängerin auf seine Musikqualität geprüft. Ihr Urteil ist vernichtend, der Film ist, wenigstens musikalisch, nicht professionell. Ich bitte um ein Beispiel, da singt sie eine Arie so triumphal, daß ihr das Gesicht auf einer Seite aufplatzt, es ist offenbar kürzlich geliftet worden, und ich habe nur Sicherheitsnadeln zur Hand.

Hamburg, 11.2.79

48

Träumend wundere ich mich, von bestimmten Wendungen des Traumes überrascht zu sein, zu erschrecken, auf Unvorhergesehenes nicht reagieren zu können, obwohl ich oder ein Teil von mir das Szenarium doch selbst erfindet, ich also der Dramaturg meiner Träume bin. Es ist auch so ein ‹Als ob›, denke ich, wie eine aus dem Ruder gelaufene Theaterdramaturgie. Die Vorgänge verschleiern sich ständig, fremde Darstellungsweisen auf einem mir fremden Terrain. Aber fremd ist mir die Dramaturgie des Hundes ja auch, der mich nach seinen Gerüchen gestaltet, und zeitweise mache ich das auch, wenn mich dieser Hautgeruch zu Umarmungen bringt und jener Geruch des Gottesmannes zu eiliger Gottesflucht, obwohl Jesus vielleicht gut gerochen hat. Oder die Dramaturgie der Lachse! Das Funktionieren des Traums im Traum zu ergründen, entlasse ich den Dramaturgen, mich. Da sehe ich, der Traum ist ein Räderwerk unkoordinierter Räderwerke, die in schnell ablaufenden Mechaniken zu Schreckenskonstellationen kommen nach den Regeln der Unwahrscheinlichkeit und inhaltslos. Farben laufen im Fließpapier ineinander. In einem Spielsalon wird an 64 Apparaten unberechenbar verloren, Erinnerungswalzen, Macht hoch 64 ist Ohnmacht mal Erinnerung:

Mein Vater kommt in das elterliche Schlafzimmer, in dem auch ich schlafe. Die schlafende Mutter liegt in einem in der Mitte geteilten schwarzen Doppelbett. Mein Vater fragt, ob ich einen Dreihundertmarkschein wechseln könne. Ich verneine das, obwohl ich genügend Geld in meiner hinteren Hosentasche habe, biete aber an, wechseln zu gehen. Ich ziehe eine Clownshose an, ein Hosenträger reißt. Es ist eine Hose des Schauspielers Mattausch. Ich äußere, nie einen Dreihundertmarkschein gesehen zu haben, es gelingt mir aber, das Geld im Durcheinander einer überfüllten Kneipe zu wechseln. Wie ich heimkomme, sehe ich, daß mein Vater ein Manuskript von mir studiert, das Träume von mir beschreibt, darunter den gerade vor sich gehenden. Er will mich deswegen zur Verantwortung ziehen, beschimpft mich und will das Manuskript nicht herausgeben. In einem Akt der Befreiung schlage ich ihn mit der Faust zu Boden, entreiße ihm das Manuskript, das aber in der nächsten Einstellung dem Bundeskanzler Schmidt anvertraut ist, einem Lehrer, der mich wegen meiner Träume nun ebenfalls zur Verantwortung ziehen will, schlechte Zensuren androht, mich gar von der Schule weisen will. Ich mache ihm das Hinterwäldlerische seiner Ansichten klar, spreche von Traumarbeit, Analyse, Überich etc., er weist das als gegen die Schulordnung verstoßend zurück. Er sei doch gar nicht berechtigt, meine Manuskripte zu lesen, ich kündige an, einen Prozeß gegen ihn zu führen. Als er sich weigert, mein Manuskript herauszugeben, schlage ich ihn im Lehrerkollegium von seinem Stuhl. In der Aktion unterstützen mich revolutionäre Klassenkameraden, die eigentlich wie ich auf gute Zensuren angewiesen sind, die man aber nicht zurückstufen kann, weil sie erstklassige Fußballer, reaktionsschnelle Kopfballkünstler sind. Auch im Selbststudium könne ich das Abitur erlangen, erkläre ich dem Schah von Persien, der mir das Manuskript jetzt wie die anderen verweigert, darüber aber seine politische Stellung verliert, auch körperlich rapide substanzloser wird. Mein Vater hilft mir, dessen politisches Gewicht auf einer Goldwaage zu bestimmen. Abgesetzt ist er eine Relieffigur auf einer

Aluminiummünze, die immer unkenntlicher wird. Ich bekomme einen ganzen Karton von Aluminiumplättchen für den Dreihundertmarkschein, aber der ganze Körper ist auf der Rückseite zu sehen.

Hamburg, 12.2.79

49

Ich habe mir telefonisch einen Rolls Royce bestellt und weiß, den kann ich gar nicht gebrauchen. Was mache ich mit einem Chauffeur? In riesigen Schloßkellerräumen werden Bedienstete mit Champagner bewirtet, aus übergroßen Flaschen wie bei Filmpreisverleihungen, und bei Kerzenbeleuchtung. Ich stoße mit ihnen an, lobe das herzliche Verhältnis zueinander.

In winkligen Gassen eines bergigen Weinbaugebiets verkauft ein mir bekannter Zeitungsredakteur weitere Schlösser an Dritte und zwinkert mir zu. Der Redakteur heißt Dietl.

Hamburg, 13.2.79

Der Traum ist mir peinlich, während ich ihn widerwillig zu Ende träume. Das Schloß funktioniert übrigens nicht so richtig, es dringt von unten Wasser ein, und für die Installation müßte ein Elektriker her. Keine Ahnung, warum der Redakteur Dietl heißt.

50

Der alte Schauspieler Friedrich Richter (den ich in Berlin nahezu freundschaftlich kannte, der mir aber bis zur Feindseligkeit fremd wurde) schaut durch eine Luke, ein hölzernes Klappfenster, in einen kahlen, küchenartigen Raum, steinernen Gesichts. In einem plötzlichen Impuls küsse ich ihn auf die Backe wie einen Vater, was er gerührt aufnimmt. Ich tue das Pia zuliebe, die im gleichen Raum ist und deren Gesichtszüge vor Freude ganz weich und entspannt werden. Der alte Mann scheint ihr Vater zu sein.

Hamburg, 16. 2. 79

51

Die Feuerwehr verlegt Schlauchleitungen unter dem Schnee, kilometerweit, man weiß nicht wo die enden und kann nicht dorthin gelangen.

Es sind auch keine Lichtverbindungen herzustellen, dabei habe ich eine schwache Empfindung von Elektrizität, wenn ich den Stekker in die Steckdose stecke. Im Zimmer sind viele Lampen, Schnüre, ein Gewirr von elektrischen Schnüren, das ich zu entknoten suche. Über der ‹Fitzelarbeit› in Wut geraten, schmeiße ich eine Lampe vom Tisch. Da geht tatsächlich das Licht an. Von der Straße her Hilferufe, jemand ist mit der Hand unter die Baggerschaufel eines Schneeräumers geraten. Es ist der Baggerführer selbst, und das erheitert einen nächtlichen Passanten. Versuche ein im Schnee festgefrorenes Eisenblech zu heben, auf dem ich aber selbst stehe. Kältegefühl an allen blutigen Fingerspitzen, Assoziation zu Kierkegaards «Kosmischer Wunde», von der ich Stunden vorher las.

Hamburg, 17. 2. 79

52

Über dem Fluß in der Mühlwiese, uns gegenüber, hat sich ein Zigeunerwagen etabliert. Ich gehe zu ihnen, um sie zur Weiterfahrt zu veranlassen, erkläre, man könne ihnen hier abhanden gekommene Sachen fälschlicherweise anlasten. Mein wirkliches Motiv ist aber die Sorge, daß sie tatsächlich Sachen stehlen würden. Die Eigentümer der Wiese sind schon vor mir da. Es stellt sich heraus, der Zigeunerwagen ist ein ganzes Dörfchen mit Gassen, Buden, Zirkuszelten. Aus einem kommt Musik, eine blonde Frau bittet mit großer Geste um Schweigen, es werde für alle ein Konzert gegeben, eine «Kammer-, Haus- und Stubenmusik». Ich rate ihr dennoch ab, hier zu bleiben, die Dorfleute seien einmal gegen sie. Die Zigeuner bleiben aber, musizieren, Pferde laufen herum, eine Frau liest mir aus der rechten Hand die glücklichste Zukunft, die sie je gesehen habe, will aber die linke nicht sehen. Ein Kind schnalzt mit einer gebogenen Kutschpeitsche und trifft mich aus Versehen am Ohr. Ich nehme dem kleinen Mädchen im ersten Impuls die Peitsche weg, gebe sie ihr aber gleich wieder zurück. Die Peitsche ist aber von anderen zerbrochen worden. Ein braunes Pferd läuft über die Wiese hinter mir her, es verfolgt mich. Ich überliste es, indem ich mich in vollem Lauf durch zwei eng beieinander stehende Bäume zwänge und gleich danach einen Haken schlage. Aus dem Fluß kommt schlammbedeckt ein anderes braunes Pferd, das unsere, wir wollen es sogleich mit Decken abreiben, bespreche ich mit Franz.

In meinem Bett unvermutet eine Frau, ich bemerke zuerst den Kopf, erwacht zieht sie sich in gewagter Position einen weißen Strumpf an. Ich will sofort mit ihr schlafen, wer immer die Frau sei. Es ist Pia, und ich bin froh, daß sie schon jetzt nach Hamburg gekommen ist.

Hamburg, 17.2.79

53

In einem großen Hotel komme ich zu spät zum Frühstück. Das Buffet wird gerade abgeräumt, Käse und Wurst in Plastiksäcken weggeschafft. Eine Kellnerin, die mich von früherem Zuspätkommen zu kennen scheint, bringt mir eine Semmel, die aber von gestern wäre, ein kleines Glas mit Fruchtsaft und sehr scharfe Heringsstückchen. Es scheint, daß auch mein Ersuchen um ein Glas Tee Aussicht auf Erfolg hat. Da beginnen von beiden Seiten

Frauen mit Staubsaugern den Raum zu reinigen. Die Staubsauger sind sehr groß und dröhnen wie Schiffssirenen. Sie sind auch mit Greifzangen ausgestattet, die das Geschirr von den Frühstückstischen holen und vor die Staubsauger werfen. Wie die Staubsauger näher kommen, sehe ich, daß aus ihnen eine schwarze, glänzende Brühe gespritzt wird. Auf meine Frage wird geantwortet, der Frühstücksraum werde asphaltiert. Es scheint, ich muß jetzt in dem Lärm hier warten, bis der Asphalt erkaltet ist. Auf dem Tisch bemerke ich eine Art von Briefmappe, in der weißes Papier und ein Trauerflor stecken. Da weiß ich, daß meine Mutter gestorben ist und weine.

Hamburg, 22.2.79

54

Auf einer Versammlung von Schriftstellern aus der Bundesrepublik und der DDR, die auf verschiedenen Podien im Freien sitzen, erkläre ich wahrheitswidrig, ich sei nach meiner «Emigration» in die SPD eingetreten, um mein anhaltendes Interesse an revolutionärer Theorie und Praxis zu befriedigen. Meiner Erwartung entgegen wird das von niemandem ironisch verstanden, und ich möchte die falsche Mitteilung wenigstens gegenüber einigen Freunden richtigstellen. In einem städtischen Park sehe ich Peter Hacks Tennis spielen. Er spielt mit einem bleichen Menschen, der sich bemüht, schlechter als Hacks zu spielen. Es sind Zäune zwischen den Plätzen, die mich hindern, die Korrektur anzubringen. Es scheint, ich habe die falsche Mitteilung gemacht, um der Öffentlichkeit gegenüber meine tatsächlichen politischen Überzeugungen zu camouflieren.

Ein Schriftsteller aus der DDR erzählt, er habe sich wegen der herrlichen Aussichten in diesem Waldgasthof mit seiner Frau zu Billardpartien eingetragen. Er wolle ein Buch schreiben, in dem er seine Billardpartien Zug für Zug zu verzeichnen gedenke.

Hamburg, 23.2.79

55

Bei Motorradrennen werden die Brillen von mir und anderen Fahrern mit Dreck und mit Blut bespritzt. Permanent werden durch die Brillen Totalen aufgenommen. Ich überlege, wie die Brillen auch ohne Fahrten durch unregelmäßig rotierende Spritzpistolen bedreckt werden können, so daß sie zu Pop-Kunstwerken werden. Natürlich müßten Insektenteile in der Farbmischung sein. Auf schweren Harley-Davidson-Maschinen fahren wir durch Österreich und Italien in Schlamm und Schneematsch. Herrliche Brillen, die vacuumgetrocknet in Ausstellungsbehältern aufbewahrt werden. In den Hotels sind die Heizungen ausgefallen, in den Klos werden Ratschläge erteilt, wie die Papiervorräte rationaler (rationeller?) zu nutzen seien.

25.2.79

56

In einem griechischen Restaurant, das auch ein Schwimmbad hatte, wurde die Beendigung der Filmarbeit gefeiert. Es waren viele Leute da, außer Schubi hatten die aber mit dem Film nichts zu tun. Ich bot Schubi Varianten zu komischem Schießen an, die er übertraf, indem er immer mit dem verkehrten Auge zielte und schielte. Man mußte die Plätze dauernd wechseln, weil immer mehr Leute kamen. Dazwischen sprang man in das Schwimmbecken, das ebenso schön gekachelt war wie die Gasträume. Es wurden merkwürdige Speisen gebracht, winzige Fleischwürstchen an frischen Birkenzweigen zum Beispiel, die an Kerzenwäldern vor sich hinbrieten. Ich erwischte einen riesigen Zweig, an dem aber nur ein ganz kleines Fleischwürstchen hing, und bespritzte dabei die Umsitzenden mit dem in Olivenöl getränkten Zweig. Ich saß zwischen fremden Leuten, die ihre Schenkel an meine drückten, und wie ich das zurückhaltend erwidere, sehe ich, es sind Männer mit riesigen Schnauzbärten. Auf mein Erschrecken lacht eine Kellnerin hinter mir, fährt mit ihrem Ellbogen mein Rückgrat hinauf.

Beim Schwimmen hatte ich meine Badehose verloren oder danach abgelegt, konnte sie jedenfalls nicht finden. Sah einen fremden Mann, der diese oder eine ähnliche Hose in seinen Koffer steckte. Ich sagte ihm, daß ich meine Badehose vermisse, beschrieb ihm auf sein Ersuchen die Farbe umständlich als gelblich zum Ocker hin und mußte ganz deutlich werden, bis er sich bequemte, seinen und auch anderer Leute Koffer zu öffnen. Unter den Kleidungsstücken war aber überhaupt keine Badehose, schon gar nicht meine. Ich war in der Lage eines Mannes, der sich eine Badehose erschleichen will, verständlich, wenn jemand nur ein kurzes Tennishemd anhat. Ich hatte auch meine Schuhe eingebüßt, lief auf Strümpfen über die ölbedeckten gekachelten Fußböden, kroch unter Tischen herum und suchte nach meinen Schuhen. Die Kellnerin bot an, mir ihre schwarzen Kellnerinnenschuhe zu leihen, aber ich wollte meine Sachen wiederhaben. Aufwachend überlegte ich noch, wie ich die Suche nach den verlorenen Sachen methodisch betreiben solle, fühlte mich erleichtert, daß sie nur im Traum verloren seien, und hatte im übrigen ein gewisses Zutrauen, daß die Pia sie vorsorglich an sich genommen hätte.

12.3.79

57

In einem Restaurant sprechen Frauen rückwärts, um sich geheim zu verständigen. Ein Mann will mich dazu bewegen, eine offenbar hohe Anstellung anzunehmen, die nicht viel Zeit koste. Mir ist die Anstellung zuwider, aber ich will doch wegen des Geldes die Verhandlung nicht einfach abbrechen. Das müßte von der anderen Seite kommen. Ich wende also ein, daß es mir nicht möglich sei, öffentliche Verpflichtungen wahrzunehmen, wie Empfänge zum Beispiel oder Begrüßungsreden oder Feiern, weil das nur Zeitverschwendung sei. Der Mann bezweifelt, ob sich das bei ihnen immer machen ließe, es gäbe da zum Beispiel die Einrichtung des Arbeitsessens, wie ich dazu stünde. In meiner strikten Ablehnung unterstützt mich ein Italiener, der eine knappe verdammende Rede hält und auch an den umgebenden Tischen Beachtung findet. Meinem Verhandlungspartner scheint es leid zu tun, daß sein Angebot von mir nicht angenommen wird, und er meint, daß er jetzt nun selber in die Bresche des vakanten Postens springen müsse. Ich sehe an seinem Verhalten, daß er das von Anfang an gewollt und meine Ablehnung gebraucht hat wie ich die seine. Das ganze Gespräch wurde in einem irgendwie festgelegten Geschäftscode geführt, zu dem auch die Rede des Italieners gehörte.

14.3.79

58

Mir träumte, ich trüge meinen kranken, jedenfalls alten Vater durch das vom Kriege halb zerstörte Gnadenfrei, meinen Heimatort, und nach einem Waldstück durch die ebenfalls ziemlich zerstörte Stadt Nimptsch. Der Vater versuchte zeitweilig zu gehen, brach dann aber zusammen, weil er sich übernommen hatte, und sagte immer nur «es geht schon». Ich lud ihn mir auf den Rücken, die Arme um meinen Hals, spürte seinen Atem am Ohr. Ich suchte nach einem Haus, wo ich ihn hinlegen könne, damit er sich dort erhole. Er wurde aber zusehends kleiner, und ich fand nichts Geeignetes. Ich trug ihn durch ein Kaufhaus, fand in einem Nebenraum Betten, da stellte sich aber heraus, daß ein Filmteam hier eine Szene dreht, die in einem Krankenhaus spielt, und die Anwesenden spielten Kranke, Ärzte und Pfleger. Auch wir wurden sogleich in die Aufnahmen einbezogen, und ich hatte Mühe, mir einen Weg durch die vielen Leute zum Ausgang zu bahnen. Mein Vater verkleinerte sich erschreckend schnell, war bald wie ein in eine Folie geschmolzener Embryo, und ich tastete vorsichtig, wo ist der Kopf, wo sind die Beine. Ich konnte mich aber mit ihm verständigen. «Hier war der Ring» (Marktplatz), sagte er, «hier waren die zwei Stufen zum Café Bittner.» Er war schließlich nur so groß wie ein Heiligenbildchen, aber quadratisch und in der Folie von Flüssigkeit umgeben wie ein Medikament oder Zahnpasta, in ein Plastikkissen eingepackt. Eindrucksvoll zu sehen war sein dunkler, feinknochiger Kopf, wie der Kopf von Pascal als Relief auf einer Münze. Wir gingen durch heutige Städte, konnten in einem Restaurant keinen Platz finden. Ein kahlköpfiger Mensch beschwerte sich, in seinem Essen sei ein zu großer Eiswürfel. In einem Gartenhaus in Gnadenfrei wohnten schon andere Leute, auch in einem Hausflur konnten wir nicht bleiben. Ich trug das kleine Päckchen jetzt nahe an meinem Herzen, damit es warm bleibe. Wir mußten von einem Amt eine Aufenthaltserlaubnis bekommen. Ich fragte meine Mutter, wo sie hingehen wolle, und sie sagte, sie wolle wieder nach Gnadenfrei. Ich riet ihr ab, weil die Behörde das verweigern könne, sie sollten doch erst einen anderen Ort wählen und von dort aus dann wieder Gnadenfrei, das könnten ihnen die Ämter nicht abschlagen.

Freitag, 16.3.79, 5 Uhr 20

Als mein Vater aus dem KZ Buchenwald entlassen wurde, war das mit der Auflage verbunden gewesen, das Gebiet Schlesien zu verlassen. Die Familie zog damals nach Krefeld.

59

Ich bin in einem Gefängnis, Brunsbüttel, eine sehr helle Zelle aus Milchglasbeton, an der lichten Decke Wolken oder Wolkenschatten, die vielleicht auch nur gemalt sind. Ich weiß nicht, warum ich hier bin, besser, ich kann nicht akzeptieren, was man mir vorwirft, aber es hat Tote gegeben, die man jetzt mir in die Schuhe schieben will, mir und vier oder fünf anderen, die ich nicht kennen darf. In der Ecke ein hoher Aktenstoß, die Seiten verklebt und schimmelig. Ein leeres Blatt in einer Schreibmaschine, auf das ich das Wort «ja» oder auch «nein» tippen soll, aber ich weiß, daß man das dann unter alles setzen kann. Die Maschine hat auch viel weniger Schriftzeichen, es sind einfach welche rausgebrochen. Auf einer Arztliege überlege ich, ich könnte die Maschine einfach elektrisch schreiben lassen, dann könnte ich das Ja gegebenenfalls ableugnen, oder das Nein. Ich höre ein leises Zischen. Durch das Schlüsselloch der Tür kommt eine Stichflamme, die länger und heller wird, direkt auf mich zu, in Richtung auf meine Herzspitze. Ich hebe sofort beide Hände und stehe von der Pritsche auf. Da öffnet sich die Milchglastür.

In einem Sektionssaal mit vergitterten Fenstern, vor denen Palmen wedeln, soll ich Leichen sezieren, deren Gesichter aber zugebunden sind. Die Tische sind so eng aneinander gestellt, daß ich zwischen ihnen nicht durch kann. Ich komme nur von der Kopfseite heran. An einer weiblichen Leiche sehe ich, daß sie schon seziert worden ist. Am Fußende eine Schreibmaschine. Ein Leichendiener füllt das Sektionsprotokoll aus, ohne daß ich etwas diktiert hätte, erklärt das Protokoll zur Formsache. Ich möchte wenigstens den nur grob zugenähten Brustkorb inspizieren, «nach dem Herzen sehen». Das Herz ist aber schon in eine andere Abteilung verschickt. Es kommen vier Pathologen herein, fragen mich nach meiner Qualifikation als Feuerwerker. Ich hebe wieder die Hände.

März 79

60

Ein Breitwandspektakel auf einer Naturbühne. Der Text war von Heinrich Böll, der Inszenator ein reisender Tscheche, Spezialist für Komödiantisches. Der Text war stellenweise peinigend trivial, gerade diese Stellen waren aber musikalisch untermalt. Ich verschwand im Dunkel der ersten Pause und ging ins Hotel, wo Pia auf mich wartete. Auf dem Weg zum Zimmer fiel ein roter Rosenstrauß von oben vor meine Füße. Der Hoteldiener erklärte, daß dies der Brauch des Hauses sei. In einem Durchgangsraum war das Personal an Spielautomaten tätig. Es mußte auch eine gekachelte Toilette passiert werden, die eine Damentoilette war, wie ich beim Hinausgehen erkannte. Es wusch sich eine sehr große Frau, die ich für einen Mann gehalten hatte. Ich traf Böll, der sehr verstört war, weil man seinen Text so verunstaltet hatte. Meine Kontrollfragen zu einigen trivialen Stellen ergaben, die schlimmen Texte stammten von den Schauspielern, die der Regisseur zu Improvisationen ermuntert hatte. Wenn es nicht weitergehe, kämen auch immer Zwerge, ganze Liliputanerstädte, meinte Böll und fragte, wie das «umfassende Aufnahmegerät» heiße, das alles zusammenfasse. Ich sagte, das sei ein Weitwinkel, und die Gedrungenheit käme von der kürzeren Brennweite. Böll wollte das Spektakel auch nicht weiter sehen, lief aber später auf der Naturbühne herum, als applaudiert wurde. Es applaudierten aber nur der Regisseur und die Schauspieler, die ihn verunstaltet hatten.

18.3.79

61

Suche in langen Hotelkorridoren nach meinem Zimmer. Die Nummer habe ich vergessen, aber ich müßte sie mir mnemotechnisch errechnen können. Es läuft auch ein Hund durch die Korridore, schnüffelt an herausgestellten Schuhen und bellt plötzlich. Aus einigen Zimmern schauen Leute, aber ich kenne niemanden. Der Hund ist aber ein Mensch mit einem Tic, einem Kehlkopfkrampf, und wird in ein Zimmer schnell eingelassen. Ein weißer Frauenarm. Ein Zimmermädchen trägt eine Tafel mit einer verschlüsselten Nummer durch den Gang, das ist aber eine Gleichung mit sieben Unbekannten, die ich nicht lösen kann. Im Fahrstuhl übe ich zu bellen, will aber die schlafenden Hunde nicht wecken.

18.3.79

62

Ich habe meinen Leib vererbt, oberhalb des Penis ist auf dem Unterbauch mit blauer Tinte ein Auge tätowiert. Lore fragt ironisch, wie der Leib schließlich geschnitten werden solle, ob über kreuz oder quer und von wem, wie ich das anordnen wolle, das Auge sei reizend anzusehn.

19. 3. 79

63

In einem Omnibus bin ich mit Bergarbeitern und leitenden Bergwerksherren auf einem Betriebsausflug. Die Herren, die mich für einen der ihren halten, sind von meinen Ansichten irritiert, glauben erst an Mißverständnisse und distanzieren sich schließlich, als ich erkläre, ich sei vollständig auf der Seite der Bergarbeiter und unterstütze deren Forderung auf weniger Arbeit, auf mehr Lohn, und auch ihr Ziel, gar keine fremdbestimmte Arbeit mehr zu leisten. Etwas missionarisch versuche ich, ihnen einen anderen menschlichen Entwurf zu erklären, eine Gleichheitsutopie.

Ich benutze die erste Gelegenheit, einen Aufenthalt, um mich zu den Bergarbeitern zu setzen, die aber meine praktischen Forderungen ganz ablehnen, überhaupt nicht verstehen, daß ein Mann meiner Art die Partei der Arbeiter nimmt. Ich bin von schwarzgesichtigen Männern in Anzügen und mit Krawatten umringt, die mir einen gewissen Mut zubilligen, aber darauf bestehen, daß Leistung einmal Leistung sei. Emanzipation sei eher was für mich oder die leitenden Herren, sie könnten sich das nicht leisten.

20. 3. 79

64

Auf der Bühne ist eine mollige Frau zu sehen, eine rundliche Weiberschönheit mit großem Arsch, Bauch und Brüsten, im Begriffe, sich auszuziehen, anscheinend ohne zu wissen, daß sie das vor Zuschauern tut. Ein natürliches Theater der Fülle, der Rundheit, der Körperlichkeit. Der Reiz von Körperfalten und Schatten, von behaarter Achselhöhle und sich teilendem Venusberg, wenn der weiße Strumpf vom weißen Schenkel gezogen wird. Obwohl die «nackte Darstellung der Skulptur des Bildhauers» versprochen wurde, endet ihre Darstellung in einer Art von Körpertanz mit leisen Bewegungen, ein sehr zurückhaltender Bauchtanz, zu dem sie auf graziöse Art kleine Makronen ißt und mit ihrer Körperlichkeit kokettiert. Ihr Ein-Personentheater scheint in Aufzügen vor sich zu gehen, denn es wird ein kleines Waschbecken jetzt hereingebracht, und es sitzen mit mir andere Theaterleute auf der Bühne, die ihr Urteil zu einer Waschszene abgeben sollen, aber mit dem Urteil auch ihre Kleider wie ein Pfänderspiel.

Karl Paryla, der sich über die Darbietung mokiert, das Theater entwürdigt sieht, beginnt mit mir über eine heutige Interpretation von Schillers Räubern zu reden. Ich verheimliche ihm aber meine Interpretation: Der Räuber sei kein Gendarm, der Gendarm sei der Räuber.

Auf der Bühne wird Woyzeck gespielt, eine neu aufgefundene Szene mit Marie ermöglicht dem Doktor die Entdeckung der ‹chemisch-hormonalen Sexualität›. Eine Fälschung. Auf der Bühne sitzend, habe ich einen Whisky-Soda bestellt, den der Kellner im Vortrag eines schwierigen Musikstückes bringt. Er kommt mit dem kleinen Silbertablett über die ganze Bühne zu mir hingeschlappt, gießt laut das Sodawasser ein. Ich nehme in der Pause ein warmes Bad, habe nicht wahrgenommen, daß die Badewanne in einem Durchgang steht, wo Tänzerinnen und Schauspielerinnen zur Garderobe oder zur Bühne wollen. Mir wird die Absicht unterstellt, ich wolle in der Badewanne gesehen werden. Eine Inspizientin prüft die Temperatur meines Badewassers, indem sie es mit einem Strohhalm aufsaugt und in die Wanne zurückspritzt. Es wird das Ende der Pause eingeläutet, ich bin zu spät dran, finde meine Kleider nicht, nur einen schwarzen Mantel, der mir aber zu klein ist, mich nur unzulänglich bedeckt. Wegen der Verspätung entschließe ich mich zu einem Auftritt, der komisch wirken soll. Ich trage viel Zeug, Bücher, Filmcassetten, Mikrofone, dazu balanciere ich ein Tablett mit Essen, Gläsern und Flaschen, die herunterzufallen drohen, was aber von mir durch zufällige Gegenbewegungen im letzten Moment immer wieder verhindert wird: ein bedeutender zerstreuter Mann hantiert ungeschickt mit vielen Sachen und erweist sich ungewollt als Equilibrist. Der geplante Auftritt geht im Gewusel auf der Bühne aber ganz unter. Eine Zuschauerin bittet mich, zur Seite zu rücken, weil sie sonst nicht Barowsky (?) sehe. Ich wechsle den Platz, verdecke aber jetzt anderen die Sicht, sehe auch selbst nicht mehr das Geringste und bin von meinem Whisky-Soda weit entfernt.

Spreche mit Wolfgang Langhoff über eine französische Woyzeck-Aufführung, die interessant, aber ganz inkonsequent sei, da sie überhaupt nicht begriffen habe, daß der Zerfall der Dramaturgie ein Fortschritt in die Lebendigkeit sei.

Wir drehen der auf der Bühne vor sich gehenden Veranstaltung, die uns provinziell vorkommt, den Rücken, aber es zerfallen jetzt auch meine Gedanken. Es wird mir immer schwerer, einen Gedanken weiter zu denken, ohne ihn zu verlieren. Die Sätze werden unvollständig, die Silben verkrüppeln, die Buchstaben lösen sich an ihren Rändern auf.

Rom, 21.3.79

65

Ein Biber kroch aus einem Loch in der Küchenwand eines mir fremden Hauses, das wir aber bewohnten. Der erst ziemlich scheue Biber wurde schnell zutraulich und leckte der Pia mit langer Zunge die Schuhsohlen ihrer schwarzen Schuhe ab. Der Biber bekam seinen Platz, und alle Welt kümmerte sich jetzt um den Biber, paßte auf, daß er von Pluto nicht totgebissen wurde. Moritz hatte die Hände in der Tür, als ich die wegen des Bibers schnell zumachen wollte, und meine Mutter umschlang den ganzen Körper des Hundes, um den Biber vor ihm zu retten. Der Biber bekam seinen Platz in einer Pappkiste mit Heu. Pia gab ihm Milch mit Hilfe eines langen Kindernuckels, der Biber lag überfressen herum, kackte viel und fühlte sich nicht wohl. Alle sorgten sich um ihn, und wenn er einen hellen Pfiff ausstieß, kamen alle aus ihren Zimmern gestürzt. Er wurde aber einer hellgelben Ratte immer ähnlicher. Ich plädierte, dem Biber seine natürliche Lebensweise zu lassen, er solle wie bisher durch das Loch in der Küchenwand kommen und dort auch wieder verschwinden, aber der Biber dachte nicht daran.

Ich fuhr mit dem Auto zu Verwandten, verursachte gedankenlos fast einen Unfall. Ein Vetter kam in Kommunionssachen aus der Kirche. Die von Lore gemachte Emailuhr fiel von der Wand, die Zeiger waren aus ihrer Halterung gerutscht. Ich reparierte die Uhr, die niemanden zu interessieren schien, und hängte sie wieder an die Wand. Ein junger Mann redete viel Unsinn über Psychoanalyse und stellte unsinnige Fragen. Ich wurde grob und sagte, er solle mich mit seinem Quark in Ruhe lassen, ich redete ja auch nicht von der Schlosserei, da ich nichts davon verstünde. Ich empfand im Augenblick meine Taktlosigkeit und erklärte jetzt lange, warum es eigentlich sehr gut wäre, daß er sich für diese Sachen interessiere, lobte ihn überhaupt immer mehr, umarmte ihn gar und küßte ihn auf die Backe, möglicherweise auf den Mund. Jedenfalls hatte ich bei diesen überschwenglichen Entschuldigungsgesten das Gefühl, sie könnten von Dritten als homosexuelle Neigung mißverstanden werden, und versuchte, den psychologischen Zusammenhang zu erklären, den niemand erfragt hatte.

24.3.79

66

Im Schiff den Fluß hinunter, eine chinesische Landschaft. Ich verlasse die Landschaft, sehe in mein Gehirn, das wild zu wuchern beginnt.

Aus den Schattierungen der Wand lese ich, es müßte so um 6 Uhr früh sein, auf meiner Uhr sehe ich, es ist 5 Minuten nach sechs. (Sechs – Sex?)

In der gebuckelten Wolkendecke (über die ich lautlos fliege) eine kleine Moschee, ein taubstummer ‹Muzzim› (Moritz?) hat Zuckerwatte im Mund.

25.3.79

Moritz, 9 Jahre zur Zeit des Traums, hatte mir am Tage vorher gesagt: «Ich habe mir die Stimme als einen weißen Stab vorgestellt.»

67

Am Schneidetisch große, mir unbekannte Trommeln. Magnetaufnahmen für Geheimdienste. In einer Jugendstilvase Wanzen, die wie Schwertlilien darin stecken, aber als Mikrofone durchaus erkennbar. Ich weiß aber, es kann ein solcher Nachweis nicht geführt werden, weil sich die Wanzen bei Entdeckung selbst zerstören.

26.3.79

68

Lange Stangen, dünne entästete Baumstämme werden in Kopfhöhe die Straße entlang gefahren. Ich befürchte, daß in der Dämmerung Lastwagen oder auch Personenwagen hineinfahren.

Über einem Abgrund auf einem Mäuerchen die nackte Pia. Sie reitet die Mauer entlang, ich halte ihre Fingerspitzen, ihr Herunterstürzen zu verhindern, fühle gleichzeitig ihr Genitale.

Merkwürdige Aufträge für Fernsehfilme, unseriöse Anfrager, bruchstückhafte, unzusammenhängende Texte, aber von mir geschätzte Schauspieler, die mit nicht existierenden Rollen besetzt sind. Ich gerate in Szenen aus «*Johanna der Schlachthöfe*», die gedreht werden, die mir aber wie Szenen von einem Schillerepigonen vorkommen, weil ich mich selber in der schwarz-blutig-feuchten Atmosphäre eines wirklichen Schlachthofes befinde. Wenn die Schauspieler vor die Kamera treten, bricht mir der Schweiß über die Kunst-Scheiße aus. Johanna-Auftritte eines kindlichen Mädchens, erstaunlich roh und lebendig, aber die Tonleute hören sie nur mit Hörapparaten.

In einem Lokal mit Pia, viele Leute. Lucie Pohl, eine Liebe aus der Kinderzeit, sitzt mit einem kräftigen Mann in der Nähe. Wie ich Pia auf sie aufmerksam mache, liest Lucie Pohl mit kindlich hoher Stimme dem Mann einen Szenenteil aus dem Filmbuch MÄRZ vor, der den Mann beleidigt, weil der Text alle Zuhälter beleidige. Ein Haufen starker Männer, Zuhälter, bedroht mich, verfolgt mich in schnellen Autos, als ich entfliehen kann. Mit der Hilfe von Kindern entkomme ich aus einem umstellten Haus, verstecke mich hinter einer in die Straße hineinragenden Steintreppe, höre die Verfolger, soll in einem fremden Haus in einem Koffer versteckt werden. Wenn die mich kriegen, schlagen die mich zu Brei.

26.3.79

69

In einem größeren Kreis von ausländischen Zuhörern sitze ich in der Mitte in einer Art Zahnarztstuhl, der sich rundum drehen läßt. Es trägt eine Dame vorgerückten Alters vor, und sie bewegt sich während des Vortrags von Zuhörer zu Zuhörer. Sie kommt von weit her, und ich verstehe ihre Sprache nur mangelhaft. Der Vortrag besteht aus ineinander passenden Fertigteilen und ist perfekt getimed. An bestimmten Stellen fällt sie wie überwältigt zu Boden, aber es ist gerade da sofort eine Hilfskraft zur Stelle, von der sie aufgehoben wird. Es scheint, die Unterbrechungen sind Höhepunkte. Ihr Vortrag ist so angelegt, daß er in einer Redefigur schließt, gerade als sie meinen Platz erreicht. Sie geht jetzt den großen Kreis der Zuhörer ab und gibt jedem einzeln die Hand. Sie bedankt sich erst noch in individuellen Dankesworten, die später in rituelle Formeln übergehen, Berührungen, Gesten, Umarmungen, die immer schneller und technischer in der Darstellung werden.

Ich drehe mich währenddessen langsam in dem Zahnarztstuhl und überlege, ob ich noch etwas vortragen soll, oder mich nicht besser gleich bedanke, da ich nichts sicher weiß.

29.3.79

70

Eine Kamera fährt langsam auf mich zu, hält in halbnaher Einstellung und beginnt, meinen nackten Körper abzufahren. Wegen der Scheinwerfer kann ich nicht erkennen, wer der Kameramann ist, und ich sehe keinen Zusammenhang zwischen dieser Einstellung und dem Film. Die Kamera, mit der ich mich sehe, nimmt Anstoß an meinem Kopf, konzentriert sich auf meine Eingeweide. Ich bemerke, die Kamera ist eine Röntgenkamera, die mich ‹bis auf die Knochen durchleuchtet›. Frauen in Bleischürzen tuscheln. Der Herzbeutel enthält mehrere Herzversionen, das Stirnhirn ist mit dunklen Flechten behaart.

März 79

71

Ich bin mit einer fremden Frau in einer besonders zwingenden Liebessituation im Bett, sauge an ihrer Brustwarze, streichle ihr feuchtes Genitale, verabrede mich zum Koitus aber erst auf den Abend, weil die Umstände ungünstig sind, z. B. gehen dauernd fremde Leute am Fenster vorbei, und es kommen Kinder, die französische Redewendungen erfragen.

In meiner Wohnung in einer entfernten Stadt finde ich die Möbel ganz anders gestellt. Auf einem großen Tisch stehen schöne chinesische Kriegsspielzeuge aus Baumrinden, Bast und Papier, die sich gegeneinander bewegen.

Ich weiß jetzt, Lore ist mit einem frühen Zug in die fremde Stadt gekommen, um mich zu überraschen. Sie schläft mit meiner Mutter in einem Zimmer. Ich hebe meine Mutter auf, umarme und küsse sie und sage floskelhaft: «Laß dich anschaun.» Die Mutter ist sehr abgemagert und sagt lächelnd, daß da nicht mehr viel zum Anschaun wäre, der Arzt habe ihr gesagt, es käme jetzt zur Lebenskrise, eine Idiotie, die an niemandem vorüberginge.

1. 4. 79

72

Professor Hans Mayer aus Tübingen trägt vor einem großen Kreis komplizierte, aber, wie mir scheint, überholte psychoanalytische Theorien zur Liebe vor, die ich im Eselsgalopp zu widerlegen suche, weil es der wissenschaftlichen Versammlung um ganz andere Themen geht. Ein Punkt ist, daß Mayer von ewigen Dreiecksverhältnissen gesprochen hat, ohne die Familie geschichtlich abzuleiten und ohne die Änderungen ihrer geschichtlichen Formationen zu bedenken. Ich bin mir aber nicht sicher, ob Mayer überhaupt von ewigen Dreiecksverhältnissen gesprochen hat, widerlege zur Vorsicht auch noch die Kristallisationstheorie von Stendhal und bin mir auch da nicht sicher, ob ich etwas Falsches nur unterstelle, um es zu widerlegen.

1.4.79

73

Von seiten der SS-Führung wird mir nach dem Kriege ein Paket unbedrucktes, blutbespritztes Zeitungspapier zugespielt. Es soll helfen, die Verbrechen der SS zu sühnen. Jeder Blutspritzer sei ein Toter, es dürften aber nicht mehr als 500 000 Blutspritzer sein. Wenn das der Fall wäre, dürfe ich das Paket nicht nehmen und wäre selbst Verfolgungen ausgesetzt. Ich sehe den Papierpacken durch und komme zu dem überschlägigen Ergebnis, es wären mehr als 500 000 Blutspritzer. Ich will das aber verbergen, weil mir an der Vergeltung liegt. Befürchte andererseits, in eine Falle zu gehen, die Spritzer könnten tatsächlich gezählt sein oder noch gezählt werden. Die unscheinbaren Herren in Zivil sehen ziemlich genau aus. Sie fragen mich auch, ob ich frei von persönlichen Vergeltungsgedanken sei, und ob ich an bisherigen Verfolgungen teilgenommen hätte. Sie scheinen einen objektiven Mann zu suchen. Ich räume ein, mein Vater sei im KZ gewesen, ich hätte in meinen Arbeiten auch NS-Verbrechen benannt, aber ich sei um eine objektive untersuchende Haltung bemüht, wolle das auch weiterhin so halten. Auch wenn ich wisse, daß die Schuldigen dann vergast würden? Mir ist bei der Frage nicht wohl, denn ich will natürlich nicht, daß irgendwer vergast wird, für welches Verbrechen auch immer, aber das heißt doch nicht, daß alle Verbrechen deshalb ungenannt bleiben müßten. Ich überlege, ob ich nicht einfach sagen soll, es seien unter 500000, vielleicht sollte ich die Ränder der Zeitungen einfach abschneiden. Das Papier ist ein zusammengeknülltes Paket, schwer überschaubar jetzt. Ich will mich aus der Affäre ziehen, indem ich eine schriftliche Antwort in Aussicht stelle. Sie akzeptieren das und machen es sich im Zimmer bequem. Sie stellen das Paket auf meinen Schreibtisch und erklären mir ihr Verbleiben damit, daß sie mir ja überstellt seien. Sie nehmen ihre Hüte ab und rauchen. Ich entdecke jetzt, daß ich einen von ihnen von Fotos her kenne, er ist mir mit der großen dunklen Brille und dem ernsten, hageren Gesicht gut bekannt, ich mag aber seinen Namen nicht finden. Ich, das «vergeßliche Tier».

1.4.79

74

Ein Mann, dessen Beruf es ist, andere zum Essen einzuladen, ein diplomatischer Frühstücksdirektor, erklärt mir und einem mir unbekannten Österreicher seine Technik, mit seinem Haushalt auszukommen, ihn sogar zu erweitern: Zu Anfang des Monats lade er fast nur Leute ein, die zurückhaltend und sparsam essen müßten, weil sie entweder krank oder bedeutungslos seien. Es kämen auch Vegetarier in Frage, die nicht auf vegetarischen Gaststätten bestünden. Diese Rechnungen schicke er dem Rechnungshof, der sein Entzücken über das «verantwortliche Essen» in allen Gremien öffentlich ausdrücke, während er selbst im fortgeschrittenen Monat bereits in die vollen gehe, «ganze Wälder abfresse, besonders die getrüffelten, zum Beispiel in Piemont oder dem angrenzenden Burgund». Es sei jetzt der Rechnungshof selbst, der diese Rechnungen unterdrücke, weil er die Belobigungen ausgesprochen habe. Man könne ihm auch kaum kündigen, weil seine elegante Technik in anderen Ressorts

Nachfolger finde, und er in allen Eß-Ländern, Österreich zum Beispiel, begehrt wenn nicht ersehnt werde. Der Österreicher, der Schriftsteller Gustav Ernst, bestätigt das augenblicklich, seine Rahmsoße mit Pilzen auftunkend.

In stillen Außenbezirken verjagen wir bellende Hunde. Von irgendwelchen Spesenresten stellt der Frühstücksdirektor noch seltene Nachspeisen und köstliche Salate mit feinen Gewürzen und raffinierten Salatsoßen her.

Eine alte Frau fragt, ob sie das Spargelwasser haben könne, und er verweigert es ihr, weil Spargelwasser die Grundlage jeder besseren Küche sei.

3.4.79

75

Ich kam erst nach der Pause ins Theater, um eine laufende Vorstellung von DIE STÜHLE DES HERRN SZMIL zu sehen. Der Rang war voll, aber im Parkett saßen nur drei Leute. Jemand hatte sich mir angeschlossen, weil er durch mich noch Karten zu kriegen hoffte, jetzt war der Kassierer froh, daß wenigstens wir noch kamen. Im Theater liefen Kinder in den Gängen, es waren Rollen umbesetzt, und es wurde ein anderer Text gesprochen. Ein Schauspieler meinte, daß die heutige Vorstellung verhältnismäßig gut besucht sei.

6.4.79

76

In Gnadenfrei besuche ich meinen Kinderfreund Günther Klingberg, Koloniestraße 3. In dem zurückliegenden Armleutehaus sind im Flur viele Leute tätig, es hat einen Rohrbruch gegeben. Ich er kundige mich nach Günther Klingberg bei den polnisch sprechenden fremden Hausbewohnern. Sie deuten mir an, daß er wohl in seiner Kammer schlafe, er trinke viel, sei ein Trinker. Ich erkläre ihnen, die mit der Wasserreparatur beschäftigt sind, daß Günther Klingberg, der jetzt Heiner Müller ist, ein bedeutender Dramatiker sei, «Leben Gundlings Friedrich von Preußen». Sie nehmen das ungläubig auf, führen mich aber die ums Eck gehende Treppe hinauf zu seiner Kammer, immerzu Trinkgesten wiederholend. Tatsächlich liegt Müller in einer fensterlosen Dachkammer auf einer Roßhaarmatratze unter Wehrmachtsdecken und rührt sich nicht. Ich sehe aber gleich, daß er nur zum Schein schläft. Unter der Decke neben ihm liegt, kaum bemerkbar, eine wohl weibliche Leiche. Ihr rechter Fuß schaut hervor, am Zeh eine Markierung aus Karton. Die polnischen Hausgenossen machen zu mir hin die Trinkbewegung, und Müller zwinkert mir zu. Ein Schuster nebenan besohlt einen Schuh auf eiserner Unterlage.

9.4.79

Tatsächlich hat Günther Klingberg eine entfernte Ähnlichkeit mit Heiner Müller, was mir nie in den Sinn gekommen ist. Die Örtlichkeit ist genau, es hatte auch ein Schuster dort seine Werkstatt.

77

Ich soll auf Proben eine komische Handlung entwickeln, deren Aufführung unmittelbar bevorsteht. Die Schauspieler müssen den gerade entwickelten Text, die Arrangements und die Clownerien sofort beherrschen. Wir proben in den kellerartigen, halbzerstörten Räumen, wo auch die Aufführung stattfinden soll. Nach einem kurzen ersten Teil soll die darauffolgende Handlung bei Schauspielern probiert werden, die außerhalb wohnen. Weil hoher Schnee gefallen ist, die Straßen durch Schneeverwehungen unpassierbar sind, gehen keine Verkehrsmittel. Wir stapfen durch kniehohen Schnee und brauchen Stunden bis zu dem entfernten Haus, das wir verschlossen antreffen. Die Schauspieler haben sich ihrerseits auf den Weg zum

Aufführungsort gemacht. Es ist nicht daran zu denken, die Sache bis zur Aufführung auch nur einmal probiert zu haben. Es seien wegen des Schnees wohl auch nur wenige Zuschauer zu erwarten, wird mir zum Trost gesagt. Mein Ausweg ist, den Zuschauern vorzuschlagen, an unserer Entwicklung der komischen Handlung auf der Probe teilzunehmen. Wir wandern auf Stelzen mit Leitern und allerlei Turngerät an den Aufführungsort zurück, von immer mehr Zuschauern begleitet, die wie wir auf Stelzen gehen. Wir finden dort eine riesige Zuschauermenge vor, denn das Theater brennt.

12.4.79

78

In einem Restaurant hat sich ein Ehepaar die speziellen Zutaten zu einem außergewöhnlichen Gericht mitgebracht. In einer Flambierpfanne werden Schlangen und Blindschleichen zubereitet. Die Kunst besteht darin, die lebenden Blindschleichen an einer Körperstelle sofort ‹wie angelötet› in der Flambierpfanne zu fixieren. Wenn sie dann emporzüngeln, kann man sie mit der Hand in die Pfanne drücken und ‹au point› verzehren. Das reiche Ehepaar kommt regelmäßig in das Restaurant, um sich das selbst zu kochen. Sie haben auch ein spezielles Bier, das verlockend aussieht. Wie ich es trinken will, fließt kein Tropfen in meinen Mund, weil das Bier gefroren ist. Eine Kamera scheint das Ehepaar aufzunehmen und live zu senden.

In einem anderen Raum des Restaurants breitet sich eine große Familie mit Bekannten zum Roulett aus, das sie auch selbst mitgebracht haben. Wenn Fremde mitspielen wollen, gilt die Kondition, etwaige Gewinne gegen Spendenquittung der Großfamilie zu überlassen.

Ich werde in einen schwarzen Raum geleitet, wo ebenfalls live ein Mann interviewt wird, der höchst vertraulich mit gefährlichen exotischen Tieren umgeht, die mir großenteils unbekannt sind, Schlangen, Großspinnen, Skorpione und kleine bissige Muschelaffen. Am gefährlichsten sind haarige Stücke mir unbekannter Art, die aber

Tiere sind. Ein Assistent, der möglichst nicht ins Bild kommen soll, hält mir die gefährlichen Tiere zur Präsentation ganz nahe vor das Gesicht. Der Besitzer beruhigt mich, die eckigen schwarzen Haarstücke, die er küßt, seien nur bei tatsächlicher Berührung hochgiftig oder tödlich, griffen aber von sich aus niemanden an. Ich habe aber das Gefühl, das Tier mit meinem Gesicht durchaus berührt zu haben.

28. 4. 79, 4 Uhr 40

79

«Mich interessiert, wer nachts an meinem Bild weitergearbeitet hat. Er hat es verbessert, er hat ihm zu einem Sieg der bildlichen Vernunft verholfen, aber ich möchte dennoch wissen, wer das in mir war», sagt ein Maler in meinem Wunschtraum.

5. 5. 79

Ich habe am Vortag nicht an dem MÄRZ-Stück gearbeitet, das bis Ende Mai fertig sein soll.

80

Es sind Leute zum Tode verurteilt worden. Sie sitzen in ihren Zellen wie in Puppenstuben und warten auf die Hinrichtung. Einer fragt mich, ob sich mit der Verurteilung für mich etwas geändert habe. Ich sage, zum Tode (Leben?) verurteilt werde für mich keine Stunde mehr vergehen, ohne an den Tod zu denken. Ich bin mit Pfaffen und professionellen Philantropen auf Tröstungstour durch die Zellen, habe Mühe, mich deutlich genug zu absentieren. Die Gefangenen reagieren ganz verschieden auf die Verurteilung. Einer hat fünf Röhrchen mit den Grundfarben an sein Hemd gesteckt, fünf Reagenzröhrchen wie in einem Patronengurt, weil man daraus alles Leben mischen könne, alle Lebenssituationen darzustellen in der Lage sei. Er heißt Archipenko oder Rodenko, ein ukrainisch klingender Name.

14. 5. 79

81

Ich gehe über eine Grenze, an der geschossen wird. Wenn die Leute mir ins Gesicht schauen, schaue ich nicht zurück. Ich hebe die Hände und rühre keinen Finger, wenn sie mich abtasten. Ich höre ihr OK, ich sage kein Wort.

14. 5. 79

82

Ich will mich verstecken, aber ich bin eine zu große Portion für die schwarzen Müllsäcke in der Hamburger Langen Reihe. Vor dem ‹Gleichheitskaufhaus 1000 Töpfe› steht die Wach- und Schließgesellschaft. Soll ich mir eine Zimmermannsweste kaufen? Oder ein Bleichmittel? Falsche Priester bedeuten mir mit verkrüppelten Gesten, ich solle Lateinisch lernen. Doppelter Ausgang gesichert. Eine Frau bittet mich, sie zu ohrfeigen. Ein schwächlicher Mann springt über einen Staketenzaun und erfüllt ihren Wunsch. Wegen meiner versteckten Lage kann ich das nur beobachten.

Mai 79

83

Mit Franz und Moritz wollte ich irgendwo Kartoffeln ausmachen, es war nichts zum Essen da. Wir gingen in der Morgendämmerung eine polnische Straße entlang, an deren Rand Kartoffeln gepflanzt waren. Wie ich eine Staude herauszog, riß ich nur die Kappe von einer Kartoffel ab. Daraufhin erklärte ich den Kindern, wie Kartoffeln ausgemacht werden, daß ich dazu eine Gabel brauche, die aber nicht zu beschaffen war. Schließlich gruben wir mit den Händen erfolglos in schwerem Lehm. Es zeigte sich, die Kartoffeln waren in einem Gulli; unter dem Gitter sah ich einen Berg von hellgelben Kartoffeln. Es war eine technisch-maschinelle Art von Kartoffelpflanzung, die mir gefiel. Da Leute kamen, schoben wir Erde darüber. Ein Mann wechselte glücklicherweise kurz vor uns auf die andere Straßenseite und ging auf eine Fabrik zu. Das Gelände war dreckig, von Regen aufgeweicht. Der Mann trug unter der Jacke eine Pistole, blieb stehen und blickte zu uns herüber. Ich ging zu ihm, um ihn von unserem Platz fernzuhalten, bat um Feuer. Der Mann sprach mit mir polnisch, ich nickte und murmelte etwas, das er für Polnisch nehmen konnte, da ging er weiter in das Fabrikgelände. Moritz kam mit seinem Fahrrad im Straßenschlamm nicht zurecht und quengelte weinerlich. Ich hatte Angst, das könne uns verraten, es war aber eine List, und Franz kam mit einem ganzen Sack Kartoffeln aus dem Gulli. Es waren auch Birnen dabei, die wir unterwegs aßen. Es sollte auch ein Paket für unsere Freunde in Afrika abfallen. Wir waren auf dem Weg nach Wien.

18. 5. 79

84

In einem deutschen Gymnasium oder einer Universität (Backsteinbau) werden in einer Art Lagerschuppen Fälle psychischer Erkrankung vorgestellt. Es wird gebeten, über Erklärungen nachzudenken. Alle binden sich ein Dreieckstuch über den Mund und schweigen. Nach zehn Minuten reißt sich einer das Dreieckstuch vom Mund – und schweigt. Alle reißen sich darauf das Dreieckstuch vom Mund und schweigen. Lautes, tatsächliches Lachen von mir, das mich aufweckt.

20. 5. 79

85

Nach einer Benachteiligung im Kartenspiel, einer fälschlich angenommenen, wirft mein Schwiegervater in wilder Wut Schneebälle gegen das Haus und mich, später Pflastersteine. Ich erkläre den Sachverhalt, drohe ihm mit Repressalien, laufe ihm schließlich nach und lasse mich auch von Pia nicht zurückhalten. Verfolge ihn in schnellem Lauf durch einen Wald, hole ihn ein, werfe ihn nieder, mag aber den älteren Mann nicht hart schlagen, so daß er mir immer wieder entkommt, und ich ihn immer wieder neu stellen muß. Es begegnet uns ein riesiges Einhorn, nashornähnlich, ein massiges Nashorn, das erst ganz friedlich mit einem Kinde zu spielen scheint, aber plötzlich dann mir nachläuft. Man muß seine Masse fürchten. Ihm zu entkommen, versuche ich im Hohngelächter des Schwiegervaters, Haken zu schlagen. Auf dem abschüssigen Waldgelände erweist sich das Nashorn als wendig und geschickt. Es läuft mir aber nur hinterher, weil es seinen Bettzipfel sucht, eine Art Milchflasche, die es bei mir vermutet. Es ist befriedigt, als das Kind ihm den Bettzipfel gibt.

30. 7. 79

86

Ich habe Alexander Kluge ins Krankenhaus gebracht, er war zwei Tage ohne Bewußtsein, konnte gerettet werden bzw. sich selber retten, indem er sich von einem hohen Außensims an einem Backsteingebäude (Krankenhaus) durch ein Gedicht herunterließ. Ich war etwas besorgt, ob er das schaffen würde, denn ich kannte kein Gedicht von ihm, er tat das aber durch eine lockere Prosa, die ihn aushielt. Auch ich, der ich seine Rettung veranlaßt hatte, mußte jetzt von einem ziemlich hohen Sims springen, ließ mich ebenfalls an einem Gedicht herunter, das eine zurechtgerückte Prosa war. Es war dadurch ein langsames Herunterspringen. Die Gedichte konnte man nicht behalten, waren formal und auch inhaltlich wohl nicht von sehr großem Wert. Kluge überließ mir für eine Anthologie zwei Texte, die sehr gut waren. Sie müßten sich nach seinen Worten allerdings «noch setzen», wie sich aufgeschüttete Erde setzt. Ich weiß nicht, was in den Texten stand.

11.8.79

87

In einem teuren englischen Restaurant servieren die Kellner das Essen in Gleitschuhen. Ich kann kein Wort verstehen, so leise sprechen sie. Die mich begleitende Frau muß einen schwarzen Männerhut tragen, weil Frauen nur ganz ausnahmsweise zugelassen werden. Die Speisekarten sind so dick wie Bücher, es steht aber auf jeder Seite nur ein Gericht, z. B. Brennesselsuppe gratiniert. Es geht von den teuersten Gerichten ein Geruch aus, ein Kellner tupft den spezifischen Geruch der Speise unter die Nase des Gastes, und zwar mit einer langen Operationspinzette. Die Frau, die etwas auswählen will, wird an mich verwiesen, ich habe aber keine Ahnung, welche Gerichte sie bevorzugt. Alte Porzellane, deren Unterseiten mir vorgewiesen werden, und Kristallgläser, in die nur wenige Tropfen hineingehen. Die Kellner gleiten um den Tisch, der auch leicht zu rotieren scheint, und ich komme zu keinem Entschluß, kann der Sache kaum entnehmen, was es wirklich gibt. Als ich nach dem Preis des Lammrückens mit Minzsauce frage, verschwinden sie und servieren uns Pellkartoffeln mit Quark. Ich nehme die Speisekarte als Teller, lege die Kartoffel in die Mitte und gieße den weichen Quark darüber. Als der Geschäftsführer kommt, zeige ich ihm den leeren Teller, lasse ihn auf den Boden fallen und sage sorry. Die Frau reicht dem Kellner den Hut. Wir essen an einer Frittenbude gebackene Tintenfischringe. Ein Plakat an der Hinterwand mit Palmen, Las Palmas.

20. 8. 79

88

Viele Leute, unter ihnen Pia und ich, sind in großen, vollgestopften Lastwagen in fremde Gegenden gefahren worden, Männer und Frauen getrennt. Man hat Mühe, den numerierten Wagen zu finden, zu dem man gehört, vergißt die Nummer. Es wird im Park von verlassenen Schlössern gehalten, die sogleich ausgeräumt werden. Ich hänge Sachen von den Wänden, die dort jahrzehntelang gehangen haben, ausgestopfte Pferdeleiber zum Beispiel, und helfe meinem Vater, der Bretter und Bohlen zu Fußböden zusammenstellt.

In den riesigen und meist leeren Räumen werden Speisen zubereitet, in einem großen Durcheinander wie etwa beim Schweineschlachten. Ich spucke in ein Gefäß, darin wird aber gerade eine Quarkspeise zubereitet. Die Frau sagt, da dürfe ich eben keine «Quarkquetschel» essen, und rührt weiter.

Pferde laufen herum, geschäftiges Aufpacken, jeder sucht nach der Nummer seines Wagens. Ich entscheide mich nicht gleich, wo ich einsteigen soll, finde den Zettel nicht, wo ich mir die Wagennummer notiert habe, helfe der Pia erst, ihren Wagen zu finden. Da sind die Wagen schon zugeklappt, die Nummernschilder nicht mehr zu erkennen, und fahren ab, schwarze, gepanzerte Fahrzeuge jetzt, auf die man nicht aufspringen kann und die nicht anzuhalten sind.

Ohne Geld und Sachen bin ich allein in der Gegend von Iserlohn, Westfalen. Pferde waten nachts in Schlammgräben um das alte Schloß, Fuhrleute versuchen sie rauszukriegen. Ich überlege, wie ich ohne Geld Essen und Quartier kriegen kann. Vielleicht bei westfälischen Verwandten? Da ich aber einen Ausweis bei mir habe, kann ich doch einfach mit einem Taxi zu einem Gasthaus fahren und dem Wirt erklären, daß ich später bezahle. Das Gasthaus zur Krone ist aber zu. Ich stehe allein vor der Tür herum, ein Junge in Knickerbockern. Vor der Bahnhofswirtschaft zähle ich mein Kleingeld ab in einem alten Portemonnaie. Es sind zwei Mark achtzig, für die ich mir genau eine rohe Polnische mit Kartoffelsalat und eine Zitronenlimonade leisten kann. Als ich bezahlen will, rechnet der Kellner zehn Prozent Trinkgeld dazu, und ich weiß nicht, wie ich jetzt bezahlen soll, biete ihm das Portemonnaie an, das er nicht haben will.

Hamburg, 2.9.79

89

Lese mit Hacks in einer neu herausgegebenen alten Dramaturgie, verschlage immer wieder die Seiten. Das Buch ist schlecht gebunden, zerfällt in Teile. Ich bezweifle, daß eine bestimmte Regieanweisung tatsächlich von Schiller sei, sie scheint mir hinzugesetzt. Hacks hingegen meint, nur diese Regieanweisung sei von Schiller, alles andere von Raupach. Mich interessiert die chemische Zusammensetzung des Blitzlichtpulvers, ich komme aber nur auf Magnesium, überlege, ob eine Slapstickszene zu machen sei, wo ein Experte an Blitzlichtpulver experimentiert, es anzündet, daraufhin mit verbrannter Haut und ohne Haar verkündet, es müsse Magnesiumpulver sein, ob das auf der Bühne zu machen sei, im Film natürlich.

4.9.79

90

Mein Vater hatte sich bei einer Militärbehörde eingeschlichen, um mir, der ich aus der Armee desertiert war, falsche Papiere zu beschaffen. In einem hohen Turm, dessen oberes Fenster offen und beleuchtet war, ging er hin und her, diktierte mit lauter Stimme Sonderausweisnummern auf meinen Namen. Untenstehend schrieb ich

«Ohne Geld und Sachen...»

... fühlt man sich selbst im Traum unsicher. Gut, wenn man wenigstens beim Aufwachen sicher sein kann, daß gut vorgesorgt ist ...

Pfandbrief und Kommunalobligation

die mit dem hohen Zins – und der großen Sicherheit – sobald man dem Sparbuch entwachsen ist

Verbriefte Sicherheit

mir die Buchstaben und Zahlen auf einen Zeitungsrand, fand aber nicht gleich die Zeit, einen solchen Ausweis auch zu machen.

In einem sumpfigen Wald war ich mit Mutter und Vater verabredet, alle in ärmlichen Zivilkleidern, da tauchte ein Feldjäger auf und verlangte unsere Ausweise. Ziemlich erschöpft schwankte ich einen Augenblick, ob ich mich nicht besser in mein Schicksal ergeben solle, der Mutter das Kleingeld noch gebe, daß sie sich Semmeln kaufen könne, reiße ihn aber dann am Stahlhelm mit dem Kinnriemen nach hinten und drücke ihn mit dem Gesicht in den Schlamm, setze mich auf den Stahlhelm, bis er gurgelnd zur Kenntnis gibt, er wolle sich mir ergeben. Ich ließ ihn los und nahm von ihm tatsächlich die Feldjägerkette, den Stahlhelm und die Pistole 08 entgegen, der Mann begleitete mich aber. Wenige Schritte hinter mir und mit gesenktem Kopf.

5.9.79

91

Pia soll von der Gestapo verhaftet werden. Wir hatten uns mit einem gesetzten Herrn freundlich unterhalten, jetzt bat er uns um Verständnis, daß er Pia verhaften müsse. Ich war in dem Gespräch viel vorsichtiger gewesen, hatte in der Formulierung vieles offen gelassen, während sich Pia angesichts der atomaren Vernichtungsgefahr zu der Aussage verstiegen hatte, daß sie sich vergleichsweise in der Lage der Juden sähe, und daß man vielleicht einfach weggehen müsse, angesichts der voraussehbaren Vernichtung, wie das ja viele Juden in der Nazizeit auch getan hätten. Das sollte der Verhaftungsgrund sein. Eine Verhaftung sei nie schön, aber sie habe doch auch immer zwei Seiten, ihn zum Beispiel auch, wir sollten doch auch an ihn dabei denken, er habe auch Kinder, sei Beamter, die Gestapo sei eine staatliche Behörde, und er sei zu beamtenmäßigem Verhalten sogar eidlich verpflichtet. Wenn er davon absähe, er gäbe sich ja geradezu in unsere Hand, in die Hand von Staatsfeinden, und keiner von uns könne seine Pension garantieren, nicht einmal seine Verhaftung ausschließen. Er selber habe auch das eine oder andere kritisch auszusetzen, an Personen zum Beispiel, Ministerpräsidenten sogar, die er nicht nennen wolle, aber er halte sich doch auch im Zaum, müsse in Versammlungen, die er dienstlich besuche, jeder gedanklichen Versuchung widerstehen, Leute sogar verhaften, die ihm sympathisch seien, wie wir beide in diesem Fall. Wie ich versuche, die herangezogenen Formulierungen von Pia in eine harmlose, gleichnishafte Bedeutung zu rücken, der Mann auch schon zugänglich scheint, zerschmeißt Pia ein Glas, wirft den Tisch um und rennt davon.

«Da muß ich mich nun leider jetzt an Sie halten, Herr Doktor», sagt der wirklich erschrockene Mann, von Glassplittern übersät.

Freitag, 7.9.79

92

Auf der Flucht lege ich mich in einen Fluß, denn ich werde von Leuten in Uniform verfolgt. Es sind Bankbeamte vom Finanzamt, die auf jede Bewegung der Schilfhalme achten, um mich zu überführen. Ich atme aber durch diese Schilfhalme.

Herbst 79

93

Auf einem Bahnsteig bei Zugabfahrt großes Gedränge. In der Panik, nicht mitzukommen, steigen Frauen durch die Abteilfenster. Der Name Meunier wird mehrmals über Lautsprecher ausgerufen, der Zug kann nicht abfahren, schließlich erscheint zu aller Erstaunen Frau Meunier. Sie wird zu einer unorientierten, geisteskranken Dame geführt, die Margarete heißt, eine eindrucksvolle, schöne Person mit großen, glänzenden Augen und weißem Haar. Frau Meunier erklärt Margarete, daß sie bei ihnen wohne, da sie die frühere Frau von Meunier sei. Margarete akzeptiert das, ohne aber ihren erregten Ausnahmezustand zu verlassen. Ich dränge mich durch die auf sie hinstarrenden Leute, mache mich ihr bekannt, sie faßt aber weder mich noch meine Erklärungen auf, nimmt Gesichter (Gesichte?) von ihrem Gesicht. Sie wird in einen erleuchteten Raum unter der Überführung gebracht. Als ich dorthin gelange, ist schon ein Professor der Psychiatrie bei ihr und verordnet Psychopharmaka, die sie gleichgültig schluckt, ohne eine Wirkung zu zeigen. Tabletten essend schält sie einen Apfel über dem Papierkorb der Rotkreuzbaracke, teilt ihn, reicht ihn stückweise dem hautgefleckten Psychiater, dessen Pigmentstörung den ganzen Körper erfaßt hat. (‹Gefleckt wie ein Leopard›!)

Kastelrotto, 10.9.79

94

Ich soll ein literarisches Gerücht verbreiten, entziffere mühsam eine lateinische Botschaft, mit der ich nichts anfangen kann: ‹Die Festung soll beflaggt werden.› Ich versuche einen lyrischen Gedanken an die Stelle zu setzen: ‹Die Stille der Lippe›, das kommt mir aber auch zu pompös vor.

Besuche einen tief depressiven Dichter in einer Beton-Silo-Wohnung, der nicht mehr zuhören kann. Der obere Teil des Gesichts ist dunkel verfärbt, die Haare ungekämmt, verfilzt. «Ist die Depression ein Hilfsmittel, das wirklich Wichtige wahrzunehmen?» frage ich. Er hebt einen Moment den Kopf und macht den Versuch, mich anzusehen, aber mit den nach innen blickenden Trinkeraugen. Jemand macht Licht, blendet uns, fragt, wie die heutige Welt lyrisch erfaßbar sei und ob überhaupt. Wir spucken in Abständen vor uns auf den Boden, was ein Meerschweinchen aufleckt, das einem Kind gehört, und in das es immer wieder zurückschlüpft. Mir genüge eine tägliche kurze Depression, die mir das Schreiben möglich mache, sage ich, mir gelegentlich sogar zu einer poetischen Verfassung verhelfe. Der unglückliche Dichter hat sich, von mir abgewendet, fallen lassen, liegt mit dem Gesicht zu einer Betonwand, und es geht eine Pfütze von ihm aus bis zu mir. Es scheint sich um Brinkmann zu handeln. Auf dem Boden Fettbüchsen und Kitekat-Dosen. Jemand spricht von trivialem Material, argumentiert, triviales Material auf Stelen verwendet könne wunderbar sein. Ich lasse jetzt auch den Kopf herunterhängen.

Auf dem Theater rennen Hunde einen Akt lang um ein Gebüsch, Applaus, danach laufen Hunde um ein Gebüsch, aber auf grüner Schmierseife, so daß sie dauernd ausrutschen, riesiges Gelächter, Applaus, in dem sich Regisseure, Bühnenbildner und Musiker verbeugen. Jemand inszeniert ein neues Stück, da liegen Leute unter einer Folie wie in einem Asyl, sprechen Dunkles, das man nicht verstehen darf, und scheinen keine Luft mehr zu kriegen, was niemand bemerkt. Die Folie schließt beim Einatmen Mund und Nasenlöcher, und ich überlege, ob das zur Inszenierung gehört, versuche herauszufinden, ob das Stück von mir etwa ist. Es sollte vielleicht das im Kind aus- und eingehende Meerschweinchen auftreten. Das Gerücht wird durch die unverständlichen und tabuisierten Texte komplizierter, nimmt körperliche Gestalt an, Zungen und Zettel hängen aus ihm heraus, es wird von mir literarisch usurpiert.

Kastelrotto, 10. 9. 79

95

Für mich, ein junger Mann in offenbar verzweifelter Lage, haben die Ferien begonnen, und ich weiß nicht, wie ich vor Grübeln den Tag herumbringen soll. Die ferneren Lebenspläne scheinen ganz ungewiß. Ich rufe Fritz Adamy, einen Schulfreund an, fahre nach Haunold auf deren Rittergut und möchte dort bleiben. Außenseiterisch und in mancherlei politischen Verdacht geraten, ist das aber schwierig geworden.

Es werden die Formen von Gewalttätigkeit in meinem Blut analysiert. Es treiben Messer wie in einem Fluß durch mich, verschiedene Sorten von messerartigen Gegenständen. Sie können eine bestimmte Breite passieren, die etwa meinen Schultern entspricht.

Die treibenden Teile werden größer und breiter, der schneller werdende Fluß passiert das Kopfteil eines Metallbettes.

Ich selbst bin der treibende Gegenstand, der Messerfluß, in dem aber auch andere Menschen jedenfalls treiben. In dem engen Flußbett bleiben sie mit den Schulterblättern rechts und links in dem Wasserrechen hängen. Wie halten sie den gewaltigen Wasserdruck des Flusses aus?

Ich gehe eine armselige Straße entlang, alte Häuser, eine mit Büchern vollgestopfte Leihbücherei. Viele Leute, die im Stehen lesen, in den Regalen kramen. Daneben ein Haus mit der Aufschrift: «Kommunistisches Haus für merkwürdige Geschenke». Ich klopfe an der Haustür, aber es scheint niemand da zu sein. Die Leihbücherei setzt sich in die Kellerräume fort, und auch dort stehen viele Leute an den Wänden entlang mit Büchern und lesen, einige haben Hüte auf, einige haben Mäntel an, viele tragen Galoschen. Ich frage nach den Öffnungszeiten des Hauses mit der komischen Aufschrift, kann aber keine Auskunft bekommen. Niemand scheint das Haus zu kennen. Als ich die Straße zurückgehe, das Haus zu suchen, finde ich es nicht mehr. Ich soll in einer Versammlung einer kommunistischen linken Sekte reden. Es sind nur junge Leute da, einige von ihnen barfuß, einige Mädchen stricken. Der Saal ist auch nur zu einem Viertel gefüllt, und es spielen vor der Wirtstheke Kinder. Als Oppositionsredner ist aber Strauß erschienen. Er hat sich einen Vollbart wachsen lassen und hält eine milde Rede, voller Verständnis für die irrende Jugend, die er mit seinen Jugendirrtümern vergleicht. Ich spreche nur kurz, lobe sein Kommen, seine Bereitschaft, sich auseinanderzusetzen. Ziemlich sophistisch beweise ich, daß er den Marxismus niemals wirklich studiert hat. Alles, was er über Sozialismus oder Kommunismus wisse, habe er gegenrevolutionären Traktaten entnommen. Er gibt mir das im Gespräch auch zu, entschuldigt das mit seiner Sozialisation. Er habe ja auch nie Zeit zum Lesen. Vor lauter Lernen und Vorwärtskommen komme er nicht zum Lesen. In der Diskussion vor dem nunmehr überfüllten Saal merke ich, daß mir ein effektvoller Schlußsatz fehlt, und ich entschließe mich zu einem Trompetensolo, das beifällig aufgenommen wird. Die applaudierenden Leute, scheint mir jetzt, sind Polizisten in Zivil, ich kann nicht zum Ausgang gelangen. Jemand kramt in meinen Taschen nach Waffen, findet aber nur ein winziges Taschenmesser.

Ich habe nicht genug Geld bei mir, muß mir einen kleinen Betrag leihen und erinnere mich eines Schauspielers, der in dieser Gegend wohnt. Es ist der alte von Beneckendorff, der Neffe Hindenburgs. Nunmehr von Pia begleitet steige ich die Treppe zu ihm herauf, er öffnet die Tür und bläst mir Luftballons wie Seifenblasen entgegen. Der liebenswürdige, homosexuelle Mann bewohnt einen riesigen Saal, den er mit einem Freund gerade zu einem Faschingsfest herrichtet. Er leiht mir das Geld für ein Taxi, einen viel zu hohen Betrag.

Die Analyse der Gewalttätigkeiten, die in meinem Blutfluß vor sich geht, wird fortgesetzt. Sie geht von den einfachen Stoffen zu den zusammengesetzten über. Ein Mensch hängt bei Hochwasser in dem Rechen eines Brückenausschnittes. Das ist der Kopfteil des Metallbettes, der ihn vor der Turbine eines Wasserwerks bewahrt. Denke, das hast du doch in einem Film von Karl Valentin gesehen, oder war das Buster Keaton?

14.9.79

96

129 Giftschlangenarten soll fortlaufend Gift entnommen werden, um die Schlangen unschädlich zu machen. Das Unternehmen ist im Gange. In einem verwinkelten Haus in Berlin erwarte ich den Verleger Pinkerneil (?) und eine Geldgeberin für kommerziell schwierige oder politisch gewagte Buchprojekte oder für das Giftschlangenunternehmen. Es rauscht eine blondmähnige Frau mit vier feinen Windspielen in den verwilderten Garten. Ich schließe schnell die Haustür, ohne die Frau zu begrüßen, weil ich befürchte, daß sich Pluto augenblicklich auf die eingedrungenen Hunde werfen wird. Dabei befördere ich einen ganz jungen Hund, der wie ein Bärchen aussieht, mit dem Fuß nach außen, was der Mäzenatin zu mißfallen scheint, denn sie fragt, ob mir nur an der Literatur, aber nichts an Mensch und Tier liege. Ohne zu antworten schaue ich mich nach einem Menschen um, schiebe ein kackendes Windspiel beiseite und verschwinde im Haus. Wie sie mit den Hunden in ihr Auto gestie-

gen und weggefahren ist, bin ich besorgt, daß andere Autoren wegen meiner ablehnenden Haltung zu leiden hätten, das ganze Literaturunternehmen als nicht finanzierbar an sein Ende gelangt sein könnte. Auf der Mauer sitzt ein schmaler Mann und löffelt eine Suppe. Eine Zigarre rauchend betrachtet ihn Pinkerneil von der jetzt hohen Außentreppe aus.

16.9.79

97

Ging mit meiner Mutter an einem kleinen Wäscheladen vorbei. In der Tür hing eine Hose, billiges weiß-grünes Kunstspitzenzeug. «Eine Hose für eine Mark fünfzig», sagte die Mutter und will die Hose kaufen. Ich rede ihr zu und denke, daß die todkranke Frau die Hose wohl nie tragen wird. Wir gehen in den Laden, sie kauft die Hose, kämmt sich im Spiegel, macht ihr Spiegelgesicht. Ich sehe ihre Schönheit in diesem abgemagerten Gesicht, ich bemerke, der große Kamm, mit dem sie auch gekämmt hat, ist schmutzig, sie kann wohl diese kleinen Waschbewegungen nicht mehr machen, mit denen der Kamm zu säubern ist. Es fehlen dem Kamm auch ein paar Zinken.

Es ist kurz vor Weihnachten, ich komme nach Hause zu Besuch. Riesige Bleche von Pfefferkuchen. Der Christbaum muß gleich geputzt werden, aber mein Vater will erst eine Tischuhr zerlegen, ölen und wieder in Gang setzen.

26.9.79

98

Mein Vater regt sich sehr auf, weil er eine schwarze, gemusterte ‹Hornkrawatte› vermißt, die wahrscheinlich doch ich hätte. Ich lüge, daß ich sie bei meinem Kinderfreund Günther Klingberg gelassen habe, weil sie mir umgebunden nicht gefallen hätte, ich wolle sie gleich holen. Ich gehe auch in dieses wenig von uns entfernte Haus, da schläft aber auch mein Vater, steht gerade auf und hindert mich so, dem Freund die Lüge zu erklären. Ich gehe die Treppe wieder herunter, höre meinen Vater aber auch die Treppe herunter kommen. Meinem Freunde, dem Musiker Peter Fischer, der gerade nach Hause kommt, erkläre ich hastig, ich hätte die schwarze Hornkrawatte meines Vaters bei ihm gelassen, ohne ihm eine plausible Erklärung an die Hand geben zu können, warum er die Krawatte tatsächlich nicht hat, denn mein nachforschender Vater ist schon da. Ein Iltis erscheint auf dem Dach, die schwarze Krawatte im Maul.

7. 1. 80

99

Eine junge, hübsche Frau, Wittmann mit Namen, gibt mir, jeden Tag neu, ihr weißes Huhn zur Verwahrung. Es stört sie untertags, denn sie ist Verkäuferin in einem kioskähnlichen Laden. Das Huhn verbringt die Tage jeweils in meinem Auto, obwohl es die Polster verdreckt und auch von den Sachen pickt, die von der jungen Frau sonst noch bei mir untergestellt werden, Kuchen, Bisquit, Zuckernüsse. Ich sollte es vielleicht besser unter der Motorhaube unterbringen, aber ich möchte es mir mit der schönen Frau nicht verderben. Ich nähere mich ihr durch kleine Einkäufe, die ich ziemlich ausdehne, und genieße den Liebreiz, der von ihr ausgeht. Sie ist auch literarisch interessiert, weiß viel und beteiligt sich an politischen Aktivitäten. Ich warte jeden Tag geradezu darauf, ihr weißes Huhn entgegenzunehmen. In meinem Bemühen, mich mit ihr zu verabreden, um sie zu verführen, kommt sie mir durchaus entgegen, ich wage es dennoch nicht, meinen Wunsch klar auszusprechen. Als ich das Huhn wieder aus meinem Wagen lasse, kommt sie mit dem Fahrrad von einem Ausflug zurück, die Haut bis zu den Oberschenkeln weit hinauf von Sonne gerötet, und sie lacht mich an. Ich kriege das weiße Huhn nicht zu fassen, und so versuchen wir gemeinsam, das Tier einzufangen. Es entflattert uns aber immer von neuem, bis wir von weißen Federn ganz übersät sind. Die weißen Federn auf ihrer Haut sind aber Schneeflocken, und ihre Haut ist so geschmeidig wie eine ölige Flüssigkeit. Das weiße Huhn, das am Hals keine Federn mehr hat, kommt über den Fluß zu uns herübergeflogen, hält sich in ungreifbarer Nähe.

10.2.80

100

Als Kriegsgefangener komme ich nach langen Schneemärschen durch meinen Heimatort Gnadenfrei. Ich habe nur einen Filzstiefel, und es schmerzt mich der lappenumwickelte linke Fuß. Die Lappen sind auch angefroren, aber ich will sie nicht aufwickeln, weil ich unter ihnen einen Artikel versteckt habe, der in Sklavensprache verfaßt ist und der deutschen Bevölkerung beweisen soll, daß der Krieg von der deutschen Armee nicht gewonnen werden kann und mit welchen Mitteln der passiven Resistenz er verkürzt werden könne. In den durchnäßten schweren Militärmänteln schleppen wir uns zum Bahnhof, und auf dem alten Kopfsteinpflaster klappern die Holzpantinen. Ich kenne die andern Gefangenen nicht, wegen der Kälte sind ihre Gesichter mit Kopfschützern und Binden umwikkelt. An der Rampe der Güterabfertigung hält mir eine alte Frau ein Tippel (Becher) mit Hagebuttentee hin, den ich aber aus Tarnungsgründen nicht nehme. Ich gehe durch die Bahnunterführung, die immer noch nach Pisse riecht, und will den Artikel durch die Bahnsperre aus hohem Eisendraht schmuggeln. Das gelingt mir auch, ich kann ihn dem Mathematiklehrer Klein anvertrauen, der Kahle heißt und verdeckt neben dem Knipserhäuschen steht. Ich habe ihm die Stellen erklärt, auf die es ankommt, denn wenn die Sklavensprache nicht richtig gedeutet wird, könnte mir das später in anderer Beleuchtung als ein dummer patriotischer Artikel ausgelegt werden. Ich frage die Frau Kahle, wie es ihrem Mann geht, und bemerke unter der Frage die Peinlichkeit, denn Kahle ist wegen des Artikels damals, vor zwanzig Jahren, verhaftet worden und in der

Haft gestorben. Die Frau antwortet nicht auf meine Frage. Der Mathematiklehrer Aar eröffnet mir, daß er mir für das Abiturzeugnis in Mathematik ein «Ausreichend» attestieren wolle, obwohl das nicht meinem geringen Wissen gerecht werde. Die Voraussetzung allerdings sei, daß andere Lehrer ihm ebenso entgegenkämen.

11.2.80

101

Ich soll für den «Spiegel» zu einem Artikel über die Hintergründe der außenpolitischen Krise beitragen und treffe mich nachts mit Augstein in den Chefzimmern des leeren Spiegelhauses. Nach außen sind wir nur über Bildschirme verbunden. Ein Kind von Augstein, ein Negerkind von fünf oder sechs Jahren, spielt in den Büros mit Kreiseln, die es mit Peitschen antreibt. Wir gehen den Kreiseln freundlich aus dem Wege, um das Spiel nicht zu behindern. Über Bildschirm wird uns eine Frist gestellt, die wir im Gespräch aber vergessen. Da schließen sich die Türen des Büros, und Augstein erklärt, daß wir jetzt nicht mehr herauskönnen. Das Kind weint herzzerreißend, und Augstein interpretiert, es weine, weil es einen von uns, ihn oder mich, nie mehr sehen werde. Für den Artikel habe ich in den eingelaufenen Nachrichten nichts Schlüssiges gefunden, mir kommen aber sechs kurze, banale Texte in die Hand, in denen ich so etwas wie dramaturgische Matrizen erkenne, in denen die weltpolitischen Abläufe programmiert sind. In den Trivialtexten scheinen die kalkulierten Pläne für den Ablauf der politischen Wirklichkeiten in der nächsten Zeit zu stecken. Ich möchte ein Buch schreiben, wo jedes der sechs Kapitel mit einer der sechs dramaturgischen Matrizen anfängt und dann die daraus folgende politische Entwicklung genau beschreibt. Einmal veröffentlicht, kann die Wirklichkeit nicht mehr in der vorgeplanten Weise ablaufen, denn das Benannte ist ein Anderes.

16.2.80

102

Der Chef des BKA wird in einem silbernen Rolls Royce vor einen Justizpalast gefahren. Das Auto ist so groß wie eine Straßenbahn, und es knattern darüber die Hubschrauber. Ich grüße flüchtig die Sicherheitsbeamten und stehe allein in der Mitte der Treppe, die der rundliche Herr hinaufsteigt. Er bleibt unmittelbar vor mir stehen, und ich sehe das Entsetzen in seinen Augen, sich einem Unbekannten plötzlich gegenüber zu finden, und er sagt: «Ich bin bei bester Gesundheit. Drei Universitätskliniken haben mir bescheinigt, es gibt keine Ursache für einen natürlichen Tod. Ich warne Sie! – Wer sind Sie? Sie spielen mit dem Terror, ich aber, ich erleide ihn.» Er weist auf die Hubschrauber und die Sicherheitskordons. Ich sage kein Wort, fürchte die ‹Gewalt des Wortes›, da ich unbewaffnet bin.

17.2.80

103

Eine Demonstration mit Transparenten im 1. Bezirk von Wien: «Gegen den Rassismus an Österreichs Bankinstituten!»

«Gleiches Geld für alle, die es haben wollen!» In einer Buchhandlung erfahre ich, daß zur Demonstration männliche Personen nur bis zu zehn Jahren zugelassen wären, die von Frauen geschriebenen Bücher dürften von Männern nicht mehr gelesen werden. Aber meine doch weiterhin von Frauen.

Eine Diskussion, ob herrschaftlich nicht zukünftig herr/frauschaftlich geschrieben werden müßte. Ich halte mich zurück.

15.3.80

104

Ein Werbefachmann beklagt sich, zieht mich ins Vertrauen, die emotionale Verödung der Wirtschaft schreite fort. «Man versteht sich besser mit Siemens-Hörgeräten.» – «Mallarmé-Weiß, das vollkommene Gedicht: Persil.» Erfindungen von ihm, die heute keine Chance mehr hätten.

Ich arbeite an einer Erzählstruktur, die mir wie eine Erfindung vorkommt: Eine Zeile erzählt vorwärts von links nach rechts, eine rückwärts von rechts nach links wie orientalische Schriften. Die Geschichten ergänzen sich im ersten Kapitel, während sie sich im zweiten widerlegen.

‹Die Werbung produziert die Werbung›, will ich dem Werbefachmann nicht verraten. Ob München nicht tief unter der Erde liegt?

März 80

105

Ich ritt auf einem großen, starken Schaf, einem Lama vielleicht, mit hochmütiger Oberlippe, wollig und warm. Ich wollte einen Zug um 10 Uhr 30 erreichen. Auf einer Ringstraße kam ich zwischen Autos schnell vorwärts, entfernte mich aber vom Bahnhof durch den kreisförmigen Straßenverlauf. Vor meinen Augen fuhr der erleuchtete Zug aus einer Bahnstation, es war mir ganz lieb, so hatte ich noch eine halbe Stunde Zeit, das Lama zu versorgen. Den Gleisen entlang reitend, geriet ich an ein Gitter, das nur Bahnbeamte passieren durften. Ein Stationsvorsteher bedauerte, mich zurückweisen zu müssen, streichelte das abweisende Lama. Es blieb nicht viel Zeit, einen geeigneten Platz für das Lama zu finden, es sollte eine Wiese sein, wo es frei war und genügend zu fressen hatte. Eine saftig grüne Wiese zwischen verfallenen Häusern war uns durch breite Wassergräben versperrt. Ich konnte sie nur über Betonränder an einem alten Haus entlang passieren. Aus den Fenstern betrachteten mich gefangen gehaltene Frauen. Auf der Löwenzahnwiese neben dem Hauseingang blieb das Lama stehen und legte sich auf die Seite.

Es war nicht mehr in Betrieb, also tot. Ich entnahm ihm am Unterbauch eine dort deponierte Taschenlampenbatterie und setzte sie ihm ein, wie ein Herz eingesetzt wird.

Einem jüngeren Mann erklärte ich den Mechanismus, und ich bat ihn, die Anweisung an einen mir als tolerant und aufgeklärt beschriebenen Lehrer weiterzugeben. Die Batterie legte ich auf das schlafende Lama und berührte zum Abschied dessen kühl-feuchte Nüstern. Ich versuchte, ein Taxi zu bekommen, aber es waren an diesem Abend alle Taxis unterwegs. Es war ohnehin fast zu spät, den Zug noch zu erreichen. Auf mein Winken hielt eine Straßenbahn, der Fahrer ließ mich aber nicht einsteigen, weil er kein Taxi sei. Er fahre zwar zum Bahnhof, aber er sei kein Taxi. Ich sann einer Sprachformel nach: ‹Kolossale Leichtigkeit, kolossale Geschwindigkeit›, verpaßte den Zug, ohne mich zu grämen. Ich wußte auch nicht, wohin ich eigentlich fahren wollte. Jedenfalls nicht ins Bekannte.

2. 5. 80

106

Im Ausland muß ich in einer mir fremden Stadt schnell eine Wohnung finden, aber es gibt so gut wie keine Wohnungen. Ein elegant gekleideter Mann bietet mir seine Dienste an, er scheint Wohnungen zu vermitteln, die zwar schon vermietet, aber vertraglich noch nicht bestätigt sind. Er fährt mich vor ein großzügiges Haus, vor dessen Tür tatsächlich Leute mit zwei kleinen Kindern stehen. Sie scheinen auf den Vermieter zu warten. Der Mann erklärt ihnen, das Haus sei tatsächlich vermietet, aber nicht an die Leute, sondern an mich. Er weist den Vertrag vor, öffnet das Patentschloß und läßt mich ein. Es drängen aber auch eine junge Frau und die beiden Kinder in das Haus. Ich gehe schnell in einen Wohnungsteil, der sich hermetisch gegen die Nachfolgenden abschließt, lege mich in ein Bett und schlafe. Das scheint so abgemacht. Als ich aufstehe, sind die Kinder weg und die jetzt anwesende Frau gehört zu dem Vermittler. Ich mache mir Vorwürfe, mich dieses Mannes und dieser Methode bedient zu haben.

Auf der Rückfahrt im Auto äußert der Mann unzumutbare Dummheiten. Er habe erst kürzlich im «Stern» gelesen, der Krieg sei von den Deutschen unter anderem deshalb verloren worden, weil Peter Huchel das Psychogramm des Generals v. Gneisenau den Russen verraten habe, er sei dessen Fahrer gewesen. Aber Huchel könne überhaupt nicht autofahren, crkläre ich, ich sei mit ihm bekannt, es sei riskant, ihn auch nur im Auto mitzunehmen, so unkundig sei er. Der Mann ist von seiner Verratstheorie aber nicht abzubringen, führt andere Beispiele an, es sei eine allgemein bekannte Methode, nicht mehr zu können, was man nicht können wolle. Ob ich wisse, warum die Amerikaner den Vietnamkrieg verloren hätten, die wirklichen Gründe? Ich sage, daß ich die wisse, und daß ich hier aussteigen möchte. Ich gehe zu Fuß eine abschüssige, ölverschmierte Straße, krempe mir die Hosen hoch. Das Auto kommt zurück, die Frau reicht mir ein buntes Papierbündel heraus, mein Vertragsexemplar. Ich vergesse, es zurückzuweisen.

Es sollen erkrankte Kinder getötet werden, in einem Krankenhaus oder einer Schulklasse. Ärzte sollen dazu dienstverpflichtet werden, einer von drei Ärzten bin ich. Wir klettern in einem käfigartigen Turm aus Drahtgittern in die Höhe, eine Turnübung. Einer in weißer Soutane zeigt den dazu geeigneten Spritzentyp, eine dicke Nadel, die in der Mitte auch noch dicker wird. Unmöglich, die dünnen Kindervenen damit zu finden. Die Kinder im Saal sind schon wach, gehen aufs Klo und schwatzen, lassen Papierschwalben fliegen. Um in dem Drahtkäfig leichter in die Höhe zu klettern, stecke ich eine Spritze in meine Hosentasche, denn Sterilität ist nicht gefordert, weil unsere Vorversuche an Hühnern gemacht werden sollen, an flatternden braunen Hühnern. Unser Drahtturm ist ein Hühnerkäfig. Mir ist furchtbar zumute, aber unter den Augen der ärztlichen Hierarchie klettere ich doch mühsam höher. Ich hoffe, daß etwas dazwischen kommt, das mich der staatsärztlichen Dienstverweigerung enthebt. Es ist doch absurd zu denken, man könne am hellen Tag die zwei staatlich geforderten Kinder (die vor der Haustür standen) unbemerkt töten. Unter den Augen der ganzen Ärzteschaft. Ich bleibe zurück und täusche eine Schwäche vor. Jemand äußert: «Jeder Gedanke ist Gewalttätigkeit!» – Jetzt scheint der Kindermord geschehen, der Käfig ist leer, die Täter werden gesucht, es zuckt ein jeder die Achsel. Ein Staatsanwalt schreit, der Mörder wäre ein unter dem Sternzeichen des Löwen Geborener. Obwohl ich nicht weiß, wann das ist, ja auch niemanden ermordet habe (aber mitgeklettert bin), verstecke ich mich unter einem lockeren Brett des Hühnerkäfigs. Fühle mich bald entdeckt und nunmehr verdächtig, da ich mich versteckt habe.

Mittwoch, 14. 5. 80, 4 Uhr 35

107

Ich flog in einem Hubschrauber, der aber nur ein Gestell aus Rohreisen war mit sehr schmalen Rotoren. Deshalb konnte er nicht recht in die Höhe gelangen, er flog durch Wälder, und ich fürchtete abzustürzen. Da sah ich aber, daß er beim Fliegen die Blätter zerschneidet und sich so den Raum schafft, den er für die Rotoren braucht. Nach einem Dschungelgebiet flog er einen kilometerbreiten Fluß entlang, der Amazonas anscheinend, wie ich an fliegenden Fischen erkannte. Ich ließ mich an dem Gestänge herunter wie an einem Turnreck, schwang hin und her und ließ mich an krokodilfreier Stelle ins Flußwasser fallen.

Meine unverwüstliche schlesische Großmutter ging schimpfend am Ufer auf und ab. Sie warte hier seit mehr als einer Stunde, der Zug nach Gnadenfrei stehe bereits unter Dampf, und ich wie immer verspätet. Sie denke aber nicht daran, auch noch auf meinen Vater zu warten.

Rovereto, 1. 6. 80

108

Die Welt von Atomkriegen heimgesucht. Unberechenbar brechen Gebirgszüge weg oder Meeressenken. Wir haben uns in einem sehr schönen Friedhofsgelände eingerichtet, gebirgig und kilometerweit. Es hat geregnet, die Autos müssen nach einer Grenzkontrolle eine glitschige Rampe hochfahren, danach unbefestigte Wege. Ich schneide einen Wagen und fahre links in unseren Unterstand. Der Wagen muß stoppen, kommt dadurch die glitschige Rampe nicht hoch. Das ist jetzt aber unser Wagen. Ich springe raus und schiebe den Wagen, einen alten sportlichen Bugatti an, während Pia lenkt. Ich schiebe so kräftig, daß der Bugatti über die Rampe hinaus auf einem Bergrand landet, vom provisorischen Fahrweg weit entfernt. Ich lege den Rückwärtsgang ein, da höre ich über Bayern 3, die Friedhofsverwaltung ziehe bei allen Campern die Überlebensgebühren ein. Ich laufe mit Pia zu unserem Unterstand, weil ich weiß, daß da noch kein Kassierer ist.

6. 6. 80

109

Der Verwaltungsdirektor Kohl gibt mir anderthalb Tage Diensturlaub, ein Manuskript fertig zu machen. Ich werfe Papierschnitzel in die Luft, fahre auf dem Trittbrett eines Güterzuges ins Weite.

Bei einem Theaterkongreß in Sofia wird an jedes Mitglied der deutschen Delegation die Spielzeugfigur eines liegend schießenden Hitlerjungen mit Hakenkreuzbinde verteilt. Ich beschwere mich über das taktlose Geschenk, bin aber der einzige, der sich beschwert, auch Wolfgang Langhoff zum Beispiel nicht. Ich erfahre dann, die ‹Division Hitlerjugend› habe die Stadt bis in die Grundmauern zerstört, es handle sich bei dem Geschenk um eine symbolische Erinnerung.

Es kann gewählt werden, ob man Zunge oder Hühnerfleisch zum Essen will. Ich entscheide mich für fünf Tage Zunge, erfahre dann, daß man statt dessen auch fünf Tage Fotourlaub hätte haben können, wenn man die ‹historischen Entfernungen› durch den Fotosucher richtig bestimmt, die Vertikalen bruchlose Linien im Sucher bilden. Das heißt: ‹Die Gewalt geht von der Stadt (Staat?) aus.›

Ich rechne mir aus, in fünf Tagen könnte ich bei glücklichen Einfällen mit dem Manuskript fertig sein.

Das Motiv für die Fotos war ein See, der aber aus Häusern und

Straßen in Berlin bestand. ‹Berlin am Meer.› Ich war in dem Steinmeergefüge auf die Kurfürstenstraße gestoßen, wo meines Wissens die Zentrale der Gestapo gewesen ist.

Berlin, 18. 6. 80

110

Auf einer Reise durch die Sowjetunion traf ich den Schriftsteller Wassilij Bykow, den ich von einer Schriftstellerkonferenz her kannte. Er wohnte in einem geräumigen altrussischen Holzhaus, das sehr verfallen war, saß trübe herum und trank viel. Er freute sich, mich wiederzusehen, umarmte mich, küßte mich, aber es fehlten uns die Worte zu feinerer Verständigung, denn wir kannten die Sprache des jeweils anderen nur aus der Soldatenperspektive. Eine Dolmetscherin übersetzte aus dem Russischen ins Spanische, und ein zu Hilfe gerufenes Kind übersetzte vom Deutschen ins Finnische. Es ging aber mit der zusätzlichen Augen- und Fingersprache und über Telefon. Er schien MÄRZ gelesen zu haben und bedauerte, daß aus unserm Projekt nichts geworden sei. (Jeder von uns sollte aus seiner Sicht die Schlacht im Kursker Bogen beschreiben, an der Bykow als Offizier einer Panzerabwehrtruppe teilgenommen hatte und ich als Soldat einer Panzeraufklärungsabteilung. Dazu ein militärgeschichtlicher Abriß.) Es kamen viele Familienangehörige und Bekannte dazu, die alle an unserer Verständigung mitarbeiteten. Ein älterer Mann erklärte mir, warum es für mich unumgänglich sei, beim Trinken Gurken zu essen. Ich wollte aber in Minsk, das ich nur von einem Truppentransport an die russische Front kannte, ein futuristisches Denkmal wiederfinden, ein Überbleibsel aus der Vor-Stalinzeit in einer funktionalen Wohnmaschinenvorstadt. Es war aber bei der Suche keine Verständigung über das Wort ‹futuristisch› zu finden, und ich sah statt dessen eine Industrieausstellung.

Auf der weiteren Reise suchte ich Orientierungspunkte aus dem Krieg, konnte aber keine finden. Die Dörfer und Städtchen waren unauffindbar, die Ortsnamen erwiesen sich als unverläßlich, die

Landschaften waren ‹anders montiert oder umgespritzt›. An einer Eisenbahnstrecke glaubte ich, endlich ein Haus wiederzuerkennen, und ich erklärte Pia die damaligen Kämpfe an diesem Bahndamm um einen kleinen Friedhof, der nicht mehr zu finden war, aber Stecken in der Erde, durcheinanderstehend, von den gefallenen Soldaten, aber vielleicht auch Bohnenstecken. An der braunen Haustür war in kyrillischer Schrift ein Name eingeschnitzt. Das Haus war innen sehr geräumig und um die Mittagszeit leer. Ich wurde meiner Erinnerung unsicher, denn eine Gruppe heutiger Soldaten übte in dem Gelände einen Infanterieangriff, warf sich in kurzer Entfernung von uns hin und feuerte mit Platzpatronen aus Maschinengewehren in unserer Richtung.

Aus einem Kartoffelbunker kommt ein russischer Soldat und will mir einen Teelöffel schenken. Als ich ihn zurückweise, zeigt er mir die schön verzierte Rückseite des Löffels und weist auf einen Silberstempel. Ich möge ihn doch nehmen, da es sich um ein Erbstück handele, er andernfalls verloren sei, ohne meine Hilfe jedenfalls erschossen werde. Ich erkläre, daß der Krieg jahrzehntelang schon zu Ende sei, aber er scheint mir nicht zu glauben, steckt mir den Teelöffel in die obere Jackentasche, wo die Soldaten ihre Löffel hatten. Aber er glaubt Pia, die mondän gekleidet ist und nur nickt. Sie trägt eine Autokappe und eine Motorradbrille alten Stils, steuert eine BMW-Maschine mit Beiwagen.

In einem Hotel treffen wir Bekannte von Pia, die sie lange nicht gesehen hat und die viel reden. Um mich einzubeziehen, bittet mich jemand, ihm doch etwas über unsere beiden Kinder zu erzählen. Ich murmle, daß jeder seine Kinder originell und reizend finde, was doch so gut wie nie zutreffe, so daß man Eltern verbieten solle, von ihren Kindern zu reden.

Unterdessen hat es sich Pia auf einem Teppich im Flur bequem gemacht, sie liegt dort nur mit einem Hemd bekleidet, das ihren rothaarigen Schoß aber nicht deckt, und unterhält eine interessierte Gesellschaft. Um das Fußgelenk hat sie ein goldenes Kettchen, und die Pantöffelchen sind von Bruno Magli aus Florenz. Ich überlege, ob das noch als schicklich anzusehen sei, entschließe mich aber dazu, gehe in die Reception, um zu fragen, ob wir die verdammten Pässe mit den vielen Zetteln schon wiederbekommen hätten, weil ich nicht gerne zurückreisen würde, falls wir die hier vergäßen.

Wir warteten auf den Vater eines russischen Hotelgastes, der in

Kiew einen Brückenkopf über den Dnjepr erkämpft hätte, und ich sollte ihm doch freundlicherweise erklären, daß ich auf der deutschen Seite gegen diesen Brückenkopf eingesetzt war.

4.7.80

111

Ich angle mit anderen an einem großen offenen See. Ein Boot kommt von ferne schnell auf uns zu, ein Mann verlangt meine Angelerlaubnis. Ich drehe die verschiedenen Angeln ein, als Köder sind Stofftiere, Kinderspielzeuge an den Drillingshaken befestigt, ein Stoffelefant, ein Teddybär zum Beweise, daß es sich nicht um wirkliches Fischen, sondern um ein Kinderspiel mit Franz und Moritz handele. An einem Drilling allerdings ist auch ein lebender Barsch.

Ich bin jetzt mit einem Schiff auf Haifischjagd, auf Eisenplatten liegen blutige Fleischstücke, die auf Fleischerhaken gezogen werden. Es scheint, ich bin auf der Flucht. Eine schwarzhaarige Frau mit scharfem Gesicht, die ich nicht kenne, und die ich nicht mag, macht mir deswegen Vorwürfe. Jemand sagt: «Da müßt ihr euch eben trennen.» Die Frau nimmt den Vorschlag auf. Ich antworte: «Trennen, das ist leicht gesagt, wenn man nicht verbunden ist.» Ich denke aber an Franz und Moritz. Die Sache ist gegen mich vielleicht nur eingefädelt, um mich hier politisch loszuwerden, denke ich.

20.7.80

112

In einem Ost-Berliner Dancing traf ich zufällig Lore, die dort mit Freunden war. Die Wertsachen wurden in kleinen Plastikbüchsen abgegeben, weil man beim Tanzen alles verlieren könne. Im Dancing, das mit alten Möbeln ausgestattet war, wurde mit Westgeld bezahlt, und alles war sehr teuer. Lore war mit den anderen Leuten gleich verschwunden. Ich saß mit dem noch kleinen Sohn Jan auf einem Jugendstilsofa und betrachtete die hübschen Mädchen. Eine saß auf dem Boden und lächelte zu uns herauf. Sie hatte keine Hosen an, ich sah ihren schwarzen Schoß. Auch andere Mädchen, alle sehr jung, entblößten sich ungeniert, zogen T-Shirts und Hosen an oder aus und schwatzten untereinander, ohne uns zu beachten, verhielten sich wie Kinder unter Kindern. Die Musik in den verschiedenen Sälen legte große Pausen ein, was uns angenehm war. Als sie wieder begann, ging ein wildes, zitterndes Getanze los, und ich verschwand mit Jan in einen stilleren Nebenraum. Dort wurde uns von einer Kellnerin Kuchen angeboten, eine Art Erdbeerparfait auf einem dünnen Tortenboden. Ich nahm zwei schmale Stücke für Jan und mich. Sie kosteten 79 DM. Die Kellnerin, das Mädchen auf dem Boden von vorhin, nannte den Betrag ganz beiläufig. Zu diesem Preis wolle ich den Kuchen nicht nehmen, erklärte ich. Sie wollte mich zu der Abnahme zwingen, ging zu Kolleginnen in einer Glasbox, einer höheren Instanz. Den Befragten schien aber der Preis ebenfalls absurd. Sie proklamierten das Recht des Käufers, vom Kauf zurückzutreten, und verzehrten die schmelzenden kleinen Tortenstückchen.

23.7.80

113

Ich war mit Pia in einem fremden sozialistischen Land. Es schien dort so etwas wie eine Christianisierung der ursprünglich islamischen Kultur stattgefunden zu haben, und aus der christlichen Kultur war eine brüderlich-sozialistische hervorgegangen. Wenn man ein Stadtpanorama genau betrachtete, kam darunter der ursprünglich christliche Umriß zum Vorschein, und darunter der islamische. Wenn man das mit Infrarotlicht fotografierte, konnte der Kenner noch andere Weltkulturen verschiedener Epochen in deutlichen Spuren wahrnehmen.

An einem Feiertag beging die Bevölkerung des ganzen Landes das ‹Fest der ruhigen Bewegtheit›. Sie lagerte in Gruppen über Bergen und Tälern, an Flüssen, an Wäldern und Teichen. Sie hatten Tierherden bei sich, und auf Felsplateaus waren auch modernes landwirtschaftliches Gerät und glänzende Maschinenensembles aufgestellt. Alles in mildem Lichte, in paradiesischer Ruhe und Behaglichkeit ausgestreckt. Die aufsteigenden Arrangements erinnerten an Kirchenbilder des Cinquecento, wimmelnd und farbig, aber von Fernand Léger gemalt. Aus überfliegenden Ballons fielen Seidenfahnen, denen die Kinder und die Hunde nachliefen. Auf Verlangen vieler stieg ein offenbar beliebter Mann auf das Dach eines kleinen schwarzen Autos und redete mit kleiner Stimme, die aber von allen ohne Hilfsmittel verstanden wurde. Der Tribun hatte so etwas wie eine Stola in der linken Faust und verbreitete volkstümliche sozialistische Lehren, die allseits bekannt schienen, verkündete beiläufig das nahe Ziel, herrschaftliche Macht in der Verwaltung der menschlichen Produktivität aufzuheben. Er redete lange, und es war so warm, daß ihm Schweißtücher heraufgereicht werden mußten, auch eine Mitra gegen Sonnenbestrahlung. Er führte aus, wie das auf den verschiedenen Feldern der Produktivität vielleicht anzustellen sei, und hörte fachlichen Widerspruch. Wir lagen während der Veranstaltung auf einem begrasten Berg im Bett und schliefen miteinander, während der Rede bemüht, nicht durch zu starke Bewegungen aufzufallen, bis ich sah, daß auch andere, daß sogar fast alle miteinander schliefen, von der Rede stimuliert und den Redner stimulierend, der am Ende mit dem kleinen schwarzen Alfa Romeo davonbrauste.

Wir waren danach zu einem Empfang eingeladen, einem Abendessen in einem riesigen Kirschgarten mit langen Tischen. Es gab Kirschen und Schafskäse, es musizierten Bauernkapellen, und es wurde getanzt. Wir schienen einer deutschen Delegation anzugehören, es betreute uns ein deutsch sprechender Mann, der das Deutsche ‹in einer Talmudschule› erlernt hatte. Er beschwerte sich über eine Gruppe deutscher Pathologen, die ausschließlich in ihrem unverständlichen Fachjargon redeten. Ich sagte dazu, daß sich die Pathologie heute ‹völlig quantifiziert› habe. Das war eine Floskel, die mein geringes Wissen auf diesem Felde verbergen sollte. An den verschiedenen Tischen wurde während des Essens über spezielle Gebiete der Produktivität gesprochen, an unserem ging es um die Herstellung von idealen Pantoffeln. Die Frage der Pantoffelproduzenten war, ob sie alle Menschen schnellstens mit guten und dauerhaften Pantoffeln versorgen sollten, oder ob sie sich der Entwicklung immer neuer ausgefallener Pantoffelmodelle widmen sollten, was den Pantoffelherstellern wahrscheinlich auf lange Sicht dienlicher sei. Sie entschieden sich für die Pantoffeln für alle, planten Seidenpantoffeln, schwarze, weiße und graue, die Form stand noch nicht fest.

Es gingen junge Frauen in Pantoffeln verschiedener Art die Tische entlang, und während der Sitz geprüft wurde, konnten ihnen die Produzenten unter die Röcke schauen. Auch ich beteiligte mich an diesen Prüfungen.

In ganz kurzer Zeit konnte die Weltbevölkerung mit Pantoffeln versorgt werden, auf der Höhe der Entwicklung mit einer Tagesproduktion in Milliardenhöhe. Da die Pantoffeln auch sehr haltbar waren, stellte sich die Frage neu, ob die Pantoffelproduktion jetzt eingestellt werden solle, oder ob neue Pantoffelbedürfnisse zu erwecken seien. Es gingen mir jetzt herrliche Pantoffeloriginale durch den Kopf, aus rotem Saffianleder oder aus tabakfarbenen, durchbrochenen Stiefelchen, aus Lack, aus geflochtenem Glas an weißem Fleisch und an schwarzem, die Kirschentische entlang. Da konnten jetzt, nach abgeschafftem Mangel, die schönsten und ganz individuellen Unikate hergestellt werden. Auch im Bereich der Ideen, der ausgefallenen Gefühle.

28. 7. 80

114

Auf dem nicht sehr belebten Kurfürstendamm kommen mir zwei elegante Frauen mit schwungvollen Hüten entgegen. Wie ich mich nach ihnen umblicke, sehe ich, daß sie ihre teuren Kleider hinten in ihre Dessous gesteckt haben. Auf mein Lachen sehen sie sich zu mir um, suchen nach dem Grund des Lachens und sehen mit mir einen unrasierten Mann mit einem großen Ohrring daherkommen, Arme und Hals tätowiert. Sie nehmen den Mann als den Grund meines Lachens und stimmen einen Moment in mein Lachen ein, ehe sie weitergehen. Der Mann macht eine tiefe Verbeugung vor den beiden

Frauen und bittet sie um eine Mark zum Trinken, da er aus dem Gefängnis komme. Sie scheinen den Mann nicht zu hören, zeigen sich in ein Gespräch vertieft, gehen mit ihren einladenden Hintern in Seidendessous in Richtung Kurfürstenstraße.

Juli 80

115

Ein Gewitterregen zwang mich, mit einer älteren Lyrikerin durch eine langgezogene, schlecht beleuchtete Unterführung zu gehen. Das Gespräch über die Bedeutung der Natur im Gedicht, Regen zum Beispiel, peinigte mich, weil sie ihre Sätze in Versmaßen quasi verfaßte und das auch von mir zu erwarten schien. Ich hielt mich lange zurück, wurde aber schließlich grob, als sie die Naturlyrik von Hermann Löns weithin unterschätzt nannte, jungen Lyrikern empfehlen wollte, Hermann Löns zu lesen. Sie zitierte ein parabelhaftes Gedicht von der Schweißspur eines Fuchses im Schnee, das nicht von Löns war, was ich aber nicht beweisen konnte, da ich keine Zeile von Löns mehr kannte, ich nannte ihn einen Jagdschriftsteller. In der nächtlichen Unterführung standen schlecht gekleidete Männer in kleinen Gruppen, ohne Bleibe offensichtlich, und es war mir unerträglich, über Naturgedichte zu reden. Ich blieb stehen und antwortete ihr nicht mehr. Pluto legte sich der Betonwand entlang auf den Boden und hechelte. Ein Penner sprach von unerträglichem Gestank, und ich bezog das auf den Hund. Da bemerkte ich Kothaufen, wo einzelne Leute schliefen. Im Hinausgehen mußten wir über immer mehr Kothaufen steigen, bald über ein dichtes Feld von Scheiße.

Ich träumte von Lyrikern, die gestorben waren. Ihre Bilder in schweren Metallrahmen fielen mir auf die Füße. Huchel kommentierte, daß immer weniger um ihn blieben, beklagte, daß er ja sowieso keine Gesellschaft habe, von Verlegern nicht zu reden und nicht von Lesern. Er schreibe jetzt ein längeres chinesisches Gedicht, das in keiner Buchhandlung bisher auch nur angekündigt sei.

10.9.80

116

«Spitze ihren Illusionscharakter nicht mißbrauchen», schreibt rätselvoll ein Theaterdirektor nach einem Nachsprechen zur Beurteilung. Er hatte einen Schauspieler vier Stunden lang die Stimme eines römischen Kaisers nachahmen lassen.

Ich bin zu einer Verhandlung in dieses Theater gebeten, sitze nackt in einem mondänen ärztlichen Warteraum, die Kleider auf dem Arm. Die Theaterdirektorin ist eine Ärztin, die gewohnheitsmäßig gleich an mir rumklopft, eine emanzipierte, feministisch eingestellte Frau, aber auch die Frau des Direktors, den sie nicht schätzt. Sie lädt mich in ihre Wohnung ein, zeigt mir die Betten vieler Epochen, in denen man deren Unterstes «fühle und erfasse». Ihrem Mann habe sie ein viktorianisches Bett angeboten, da er seinen eigenen Schwanz beim Pissen mit einer Serviette anfasse, er habe aber zu ihrer Verwunderung ein anderes Bett gefunden. Ob es mir recht sei, daß sie mir die für mich ja überflüssigen Brustwarzen operativ entferne?

Durch die Fenster eines technisch perfekten Raumes sieht man Theatervorstellungen wie Farbfilme, verschieden einstellbar, die Ausschnitte beliebig groß oder klein. Dieter Giesing lobt den Vorteil, viele Vorstellungen in einer zu sehen, und die Stille, weil man den Ton wegdrehen müsse. Ich widerspreche, weil ich immerhin Geräusche nicht vermissen will, und versäume darüber die ‹Entblößungen einer bayerischen Tempeltänzerin›, deretwegen ich überhaupt hergekommen bin. Jemand, der mich zu einem Fest abholt, teilt mit, daß die Darbietung in Doppelbesetzung auf dem Fest gezeigt werde, und zwar um 12 Uhr nachts.

10. 11. 80

117

Unter einem Packen Post vergrabe ich immer wieder einen dicken Umschlag. Als ich ihn schließlich öffne, handelt es sich um ein Romanmanuskript von Golo Mann. Pinkerneil meint am Telefon, es müsse mir doch möglich sein, das Deutsch des Manuskripts einigermaßen zu reparieren, er bitte mich darum. Das Deutsch sei nicht das Hauptproblem, argumentiere ich, sondern die schrecklichen Gedanken, es sei auch so, daß ich immerzu in Schlafsucht falle, ich käme nicht zur Lektüre, er wisse vielleicht, schon dessen Vater habe auf Vorwürfe geäußert: «Unser Golo ist dumm.» Dabei habe G. damals noch gar nicht geschrieben. Ich stoße noch auf einen zweiten, ganz ähnlichen Umschlag in meiner Post, das ist der zweite Band des Romans und die Korrektur des ersten Bandes.

12.11.80

118

Ich gehe eine Treppe hinauf, die Bodentreppe im Hause meiner Großmutter. In einer Kammer Äpfel auf Backbrettern. Im Dunkeln versagt das Licht. In meinem Kopf ein wildes Geräusch, ein Erschrecken: ‹Dongerong, das Haupt der Sprache.› Die Luft voll von Fledermäusen.

24.11.80

119

Ulrike Meinhof und ein mir bekannter Mann hielten Reden auf Wahlversammlungen. Sie wurden in metallenen Containern dorthin gebracht. Ich denke wieso? Die wurden doch zum Tode verurteilt und hingerichtet.

10.12.80

120

Ein Lehrer hat mir die Plastik eines Schulkindes geschickt, die interessanteste Arbeit eines Klassenwettbewerbs. Mit Ruth Drexel, fachkundig auf dem Gebiete der Holzbildhauerei, erörtere ich, wie die Plastik am besten zu fotografieren sei. In der Garage auf Betonboden jedenfalls, von metallischen Teilen umgeben, ‹die Würde des Tatsächlichen› nicht antastend. Es wird aber auch an hunderttausend Marzipankartoffeln als Trivialkontrast gedacht. Ich will den Lehrer besser kennenlernen, frage nach den Arbeiten der andern Kinder. Die Schule ist eine psychiatrische Klinik, der Lehrer hat eine gewaltige Maske auf, eine schwarz-gelb gestreifte Büchse, helmartig, breit auf den Schultern aufgesetzt wie eine ‹mittelalterliche Marmeladenbüchse›. Der Lehrer heißt Preuß, er findet die Arbeiten der anderen Kinder enttäuschend, ganz wertlos sogar, und zieht ein rosa Gummieuter hervor, das ich signieren soll.

15.12.80

121

An einer Jury-Sitzung für den Bremer Literaturpreis nahm der Filmregisseur Werner Schroeter als Jury-Mitglied wie als Bewerber teil. Gleich zu Beginn stieg er auf ein kleines Podest, entkleidete sich in aller Ruhe, stand schließlich nur mit einem bunten Suspensorium im Scheinwerferlicht. Er faßte das Suspensorium mit einer Pinzette und führte es mit einer effektvollen Halbkreisbewegung den Juroren vor. Von allen als Scherz genommen, stimmten vier Juroren zum Spaß für das Schroetersche Suspensorium, das damit aber satzungsgemäß für den Bremer Literaturpreis gewählt war. Außer Schroeter war das allen peinlich, aber die Wahl war nicht rückgängig zu machen. Ich selbst hatte nicht gewählt und bat um eine Gelegenheit, gegen die Preisvergabe zu stimmen.

Ich erwachte mit starkem Herzklopfen, ohne mir die ungewöhnliche körperliche Reaktion auf den Traum erklären zu können. Ich mochte nicht weiterschlafen, zog einen Mantel über und ging ein

Stück draußen im frisch gefallenen Schnee. Ich brauchte einige Zeit, um auf die richtige Bezeichnung Suspensorium zu kommen, ersatzweise hatte ich es im Traum Präservativ genannt. Ich überlegte, ob in der gelbschwarzen Geschenkpackung, die Schroeter herumgezeigt hatte, auch der Penis gewesen sei.

In der Fortsetzung des Traums wollte ich mir in einem teuren Geschäft auf einem Boulevard eine bestimmte Brille kaufen, die mir aber von allen Seiten ausgeredet wurde, da sie mir nicht stehe. Der Optiker verstieg sich zu dem Ausruf: «Wo ist da Ihr lebhaftes Auge, wo sind die sprechenden Augenbrauen?» Eigentlich wollte ich selbst auch nur eine Halbbrille zum Lesen kaufen, und ich sah durch die ausgewählte Brille meine ganze Umwelt auch nur verschwommen, aber ich bestand weiterhin gerade auf diesem Modell, wollte es noch im Gehen probieren und beim Autofahren, da die höhere Geschwindigkeit die Verschwommenheit wahrscheinlich aufhebe.

19.12.80

Werner Schroeter hatte am Tag zuvor einen Teil seiner Gage für die verbotene Augsburger Salome-Aufführung gerichtlich zugesprochen bekommen. Kurz davor hatte ich an der Jury-Sitzung in Bremen teilgenommen.

122

In einer chinesischen Bibliothek bemühe ich mich um Materialien zum Prozeß gegen die sogenannte Viererbande, frage nach Protokollen, Voruntersuchungen, Anklageschriften. Ich bekomme eine Mappe mit nichtssagenden Propagandamaterialien gegen die Witwe Maos, gegen den Sekretär Maos und gegen Wang, dessen Name aber durchgestrichen ist. Die Mappen werden wie geheime Kommandosachen gehandhabt, meine Bemühungen um weitere Materialien erschwert, weil eine der Mappen weggekommen sei. Jeder Ausleiher muß jetzt mehrere Formulare unterschreiben, wenn er die Mappe einsehen will. Das Mädchen an der Ausleihe hat offenbar eine Mappe mit Arbeiten von mir durchgesehen und ist mit einem

Gedicht von mir nicht zufrieden, es sei zu pessimistisch. Ich entgegne, daß sie meine Gedichte nichts angingen, und sie kräuselt verachtungsvoll ihre kleine Nase. Einen höheren Funktionär im Archiv, dem ich meine politischen Sympathien verberge, bitte ich um Zugang zu weiteren Dokumenten. Er hält das für sehr schwer, gerade heraus gesagt für ausgeschlossen. Eigentlich hätte ich mehr erhalten, als mir zustünde. Auf einem Hof entleere ich vor ihm meine Hosentaschen, in denen sich Streichhölzer, Papierfetzen und Schmutzreste befinden. Ein vorübergehender Richter trägt einen Spucknapf in ein Amtsgebäude. Ob ich mich um Unterlagen an das chinesische Justizministerium wende?

Ein Restaurant, in dem ich zu Mittag essen will, hat seinen Treppeneingang mit einem Kohle- oder Steinblock verstellt. Auf der Galerie warten viele Leute auf Plätze. Journalisten schlüpfen in einen Nebeneingang, aus dem Musik dringt.

Habana, 26. 12. 80

Einige Tage zuvor hatte ich im Fernsehen eine kurze Sequenz der Urteilsverkündung gesehen. Die Witwe Maos hatte mich beeindruckt, als sie laut protestierte, ehe sie in Handschellen abgeführt wurde.

123

Unter einem Klappstuhl war mit Tesa-Band ein Bündel Tausendmarkscheine befestigt, das ich mir unbemerkt aneignete. Für eine mittlere Zeche reichte mein eigenes Geld nicht aus, ich ging an mein Auto, um von den andern unbemerkt dem Geldpaket einen Schein zu entnehmen, ihn zu wechseln und damit die Zeche zu bezahlen. Für ein Filmprojekt von mir wird zusätzlich viel Geld gebraucht, deutsches Kriegsgerät koste jetzt das Vierhundertfache. In meinem Auto liegen Tausendmarkscheine zwischen Lumpen, Ersatzteilen und Briefen, das Geld für jedermann sichtbar. Ich stecke das Geld unter die Briefe, fahre zu einer Großbank, um für den Film einen Kredit zu bekommen. Der Direktor macht mir Hoffnungen. Als ich herauskomme, ist der Wagen weg, von der Polizei wegen falschen Parkens abgeschleppt, mit ihm das Geld. Der den Strafbefehl ausfertigende Beamte hat kein Geld im Auto gesehen, es steckt aber in seiner ausgebeulten Innentasche.

Freitag, 30. 1. 81

124

Die Schwester von Ledig-Rowohlt erzählt, ihr Bruder trage die bei ihm befindliche Atombombe an einer Art von Lampenzug, damit sie nicht hart aufschlüge und sich versehentlich entzünde. Die Schnüre des Zuges hingen ihm aus den Anzugsärmeln, weil er doch so vergeßlich sei.

Ohne unser Wissen scheint auch bei uns eine Atombombe gelagert, und zwar hinter dem Küchenmüll neben der Spülmaschine. Sie rumpelte laut, als der Küchenmüll in den Müllkasten ausgeleert wurde, hätte leicht explodieren können.

Nach Ansicht der Frau seien die andern unwissenden A-Bomben-Besitzer noch wesentlich leichtfertiger, weil eben fast bei niemandem die Bomben an Lampen- oder Flaschenzügen schwebten und also jederzeit versehentlich «deponieren» (explodieren?) könnten. Es müsse sogar die Richtigkeit der Angaben bezweifelt werden, weil die neueren Bomben auch gar nicht mehr zu sehen seien.

5. 2. 81

Der amerikanische Außenminister hatte am Tage zuvor in Aussicht gestellt, Neutronenbomben in Westeuropa zu deponieren.

125

Es soll etwas verborgen werden. Ich mache Licht, um den Raum zu verlassen. Ich will ins Bad, kehre um, weil ich vergessen habe, meine

Clogs anzuziehen. Eine Glastür fällt ins Schloß, mein Vater taucht dahinter auf, zeigt Verlegenheit. Ich denke, eine Frau soll verborgen werden. Ich trage einen Blumentopf mit einer weißen Primel an ihm vorbei.

5.2.81

Die Mutter hatte mir als Kind vertraut, sie möge keine Primeln, weil sie der Name an eine Rivalin erinnere.

126

Laufe mit ausgreifenden Bewegungen über eine Eisfläche Schlittschuh. Das Eis wird immer klarer und immer dünner, aber ich werde auch immer schneller und leichter, bewege mich in der Art der Wasserläufer, ohne Zeichen zu hinterlassen. Die Eisfläche scheint unbegrenzt, in einen Nebelstreif übergehend, und das Eis ist durchsichtig wie Glas. Grüne lange Haarbüschel Gras, die sich in der Wasserströmung bewegen, aber die Büschel sind numeriert, kleine weiße Porzellantafeln wie in botanischen Gärten. Auch die Leute, die auf weißen Kieswegen flanieren, tragen die kleinen Tafeln. Die Zahlen scheinen ein Code, manchmal steht, sehr klein, die Abkürzung eines Namens. Die Leute schauen freundlich und einladend durch das hauchdünne Eis zu mir hin. In altmodischen weißen Kleidern lagern sie in einem Cypressengehölz. Ein Mann mit schwarzem Seehundsbart trägt den Hut an einer Klammer am Anzug. Sie reden und lachen ohne jedes Geräusch. Ein Mädchen hebt ihren Arm, dabei entblößt sie eine Brust, eine kleine hellrosige Brustwarze. Im Lachen zeigt sie ihre Zähne, und die Zähne sind schwarz, aber wie schwarzlackiert, und ich denke, schwarze Zähne sind schön, man muß nur die Zahlen abschaffen. Das Eis wird dann dichter und auch sulzig. Ich hinterlasse immer tiefere Spuren, erst die Kufen, dann schon die ganzen Schuhe. Am Ufer erwartet mich ein Lastwagen mit Umzugskram unter einer schlecht befestigten schwarzen Plane. Der Fahrersitz des Lastwagens kommt mir beim Fahren sehr hoch vor, ich weiß auch nicht die genaue Adresse, wo ich das Zeug hinbringen soll. Ich muß das Licht einschalten, beim Niedertreten der Kupplung schmerzt mich das linke Fußgelenk.

6.2.81

127

Beim Lichtmachen in einem Großzelt, ich ziehe an einer verzierten Schnur, juckt mich etwas im rechten Augenwinkel. Ich entferne ein haarfeines, aber sehr langes Würmchen, das sich bewegt, ein Klümpchen ergibt, wie ich es zwischen den Fingern knete. Ein junger Mann, offenbar medizinisch gebildet, sagt, das Tier sei in mir zu Hause, «in meinen feinen Wunden». Ich vermute das mir unheimliche Wesen, die fremde parasitäre Existenz in einer meiner Nebenhöhlen und überlege, ob ein Antibiotikum dagegen wirksam wäre, will den jungen Mann fragen, was er empfehle, da geht ein Revolver los, versengt ihm das in die Stirn fallende Haar. Eine junge, schwangere Schauspielerin, seine Frau, wirft sich über den zu Boden gesunkenen Mann und beschuldigt die Theaterwelt, den Tod des Mannes in Kauf zu nehmen, da keines seiner herausfordernden Stücke je gespielt werde. Ich vermute gleich, daß sich auch Manuskripte von ihm bei mir befinden könnten, will gleich eins lesen und die andern an die Dramaturgie weiterreichen. Der Mann, der wie der junge Strindberg aussieht, scheint auch stark zu trinken, droht mit dem Revolver, sobald die Klagen um ihn nachlassen.

Eine Theatersekretärin schickt eine chinesische Großfamilie zu mir, weil die auch Stücke geschrieben habe. Weil ich die Leute nicht gleich empfange, Sprachschwierigkeiten geltend mache, entfernen sie sich wütend, spritzen im Vorbeilaufen eine wäßrige Flüssigkeit, die ich für Säure halte, an meine Fensterscheiben. Wie ich ihnen nachsetze, sind sie schon im Nebenhause in einer Galerie verschwunden, um dort zu verhandeln. Es sind so viele, daß einige noch auf der Treppe stehen. Ein Kind läuft die Treppe zur Galerie auf den Händen hinauf und hinunter.

Die prächtigen Nomadenzelte, die wir bewohnen, sind an einem

Sandstrand gelegen. Autoren, Dramaturgen, Schauspieler und Regisseure sind damit beschäftigt, ein neues Theaterprogramm zu entwickeln, neue Stückideen, neue Autoren dem Theater zu verbinden. Enzensberger (Hans Magnus) liegt neben mir im Sand, er ist ein kräftiger, bäuerlich aussehender Junge von vielleicht zwanzig Jahren und fordert mich zum Ringkampf heraus, was allerseits akklamiert wird. Ich bin eher jünger, magerer als er, aber ich habe das Ringen im Ring- und Stemmklub in Peilau erlernt. Enzensberger verfügt über ganz gute Griffe, und der Kampf zieht sich hin. Mir ist die schweißig umschlingende Bewegung angenehm, und obwohl mir die homosexuelle Komponente bewußt wird, setze ich den Ringkampf fort, richte es allerdings so ein, daß wir vom Sand aus im Wasser landen, der Ringkampf somit beendet wird.

Ein Regisseur schlägt vor, um neue Stücke herauszubringen, brauche man sich doch nur in den Theaterarchiven die Textbücher von alten, durchgefallenen Stücken zu beschaffen, Uraufführungsleichen, die keiner kenne, möble sie mit heutigen Retuschen auf und lasse sie unter neuen Titeln neu uraufführen, schlimmstenfalls neu durchfallen. Jemand meint, die solle man jedenfalls aber vorher ins Englische übersetzen und rückübersetzen. Weil mir die Gespräche blöde vorkommen, will ich ins Badezimmer. Es ist aber schon eine Schauspielerin darin, die sich umzieht, ich solle mich nicht stören lassen. Ich warte in einem ausgestellten Leihwagen, einem Citroen, klappe die Lehne nach hinten und will mich an ein Stück erinnern, wo der ‹ewige Jude sich in den ewigen Deutschen› verwandelt, zur Strafe, das scheint mir irgendwie aktuell, ich komme in der Sache aber nicht weiter. Die Inhaberin des Autoverleihs verlangt für das kurze Sitzen in dem Citroen 65 Mark.

26.2.81

128

Ich schieße mit dem Luftgewehr mehrmals auf einen kleinen Vogel, der auf einer Stuhllehne sitzt. Das Vögelchen rührt sich nicht, obwohl die Bleikugeln auf der Wand deutliche Spuren hinterlassen.

Ich gehe mit Dieter Giesing über eine große Gutswiese, es liegen große Hühnereier in Löchern und Moosnestern. Dieter meint, die Eier von gestern und vorgestern müßten ja nicht gerade wir bekommen. Ich nehme große weiße Eier aus einem Gelege und halte sie gegen das Licht.

Ich will eine junge Frau vögeln, die heute noch abreisen will und ihre Sachen schon gepackt hat. Ihr blasser Teint und ihr feurig-flackriger Blick lassen mich an eine Tuberkulose denken. Ich frage eine alte Frau, was sie von dem Teint halte, ob er sie an etwas Bestimmtes denken lasse. Sie meint, «er sehe ein bißchen pazifistisch aus». Ich erschrecke, daß die junge blasse Frau jetzt ein ‹er› sein soll, denn ich will ja mit ihr schlafen. Es wartet ein Auto mit weichen Lederpolstern, und sie hat mir signalisiert, daß sie mich in dem Auto treffen will. «Ich vertrage kein Zimmer», hat sie mir auf einer Briefkarte mitgeteilt. Die Schrift kommt mir wie meine eigene vor.

28.2.81

129

Von einer Anhöhe die Blätterbewegung eines Ahornbaumes, sein Seufzen, das wie ein Wohllaut beim Essen ist. Aber von essenden Frauen, die sich aus Baumwipfeln heruntergelassen haben und schlafenden Soldaten gebratene Vögel wegessen. Verglimmende Feuer und Bratengeruch.

Die magischen Augen der alten Radios, die grün-grellen, heller und dunkler werdend, scheinen weibliche Geschlechtsteile.

Stockholm, 4.3.81

130

Den Verpflichtungen der neuen Reagan-Administration nachzukommen, werden öffentliche Gelenkigkeitsübungen in den Zeitungen verlangt. Politiker und Journalisten leisten das meist schnell und auch überraschend einheitlich. Viele unterschreiben gleich gruppenweise, und es wird von Gelöbnissen geredet, eine Gleichschaltungsendemie. Aber es gibt auch Weigerungen, sogar Widerstand, und anscheinend wird von einer eigentlich als konservativ geltenden Zeitung dazu gerade aufgefordert. Eine Anzahl von Schriftstellern und Leute aus anderen Berufen äußern sich rückhaltlos kritisch, fordern zu zivilem Ungehorsam den verlangten Exercitien gegenüber auf. Die Zeitung, es scheint sich um die FAZ zu handeln, gibt den Äußerungen breiten Raum, verteidigt die Meinungsvielfalt. Das Merkwürdige ist, nach ihren Beiträgen kriegen die Leute vom Finanzamt Benachrichtigungen über große Steuernachzahlungen, Überprüfungen etc. Die Zeitung (und in ihr besonders Marcel Reich-Ranicki) ist weiterhin energisch um kritische Beiträge bemüht, auf die allerdings automatisch die Sanktionen des Finanzamts folgen. Natürlich laufen kaum noch Beiträge ein, und es mehren sich Widerrufe. Von einigen Leuten läuft bereits die Post über das Finanzamt. Wie ich R.-R. auf die Gründe für den Rückgang an Beiträgen hinweise, fordert er mich auf, das in der Zeitung rückhaltlos darzustellen, es sei mir beliebig viel Raum zugestanden, die Zeitung gewähre jeden rechtlichen Beistand.

Ich arbeite in einem tierischen Körper wie ein Fleischer oder wie im Präpariersaal der Anatomie, die Arme sind rot von Blut, von der Galerie beobachten mich Finanzprüfer, und Reich-Ranicki redet auf mich ein, wie unparteiisch er sei und bleiben werde. Das Finanzamt überzieht widerspenstige Leute mit kleinlichen Schikanen, und der Fiskus ruiniert sie mit neuen Interpretationen des Steuerrechts.

Politiker und Kommentatoren rühmen den verwaltungsmäßigen Schritt, Zensur und Verfolgung nunmehr finanztechnisch geregelt zu haben, und Reich-Ranicki erklärt mir, von meiner Hartnäckigkeit angewidert, daß nun doch wirklich weder er noch die Zeitung das Finanzamt sei.

13.3.81

Marcel Reich-Ranicki hatte mir in einem Gespräch dargelegt, wie falsch es wäre, dem Feuilleton der FAZ Antimarxismus zu unterstellen.

131

Nach Kunze hatte in diesem Jahr Phleghar (Phleghaar?) den Büchnerpreis bekommen, aber für die Reportage eines Fußballspiels oder einer Tour de France. Während seiner Rede schmierte ich ihm Gesicht und Oberkörper mit Scheiße ein, ein symbolischer Vorgang, auf die braune Farbe abhebend. Ich begab mich damit ins Unrecht, denn Ph. war zwar kein Schriftsteller und ein schlechter Showmacher, aber deshalb doch kein Nazi. Gerade meine Handlung nahm alle Welt für ihn als Preisträger ein. An der Garderobe konnte ich meinen Mantel nicht finden, es war die Garderobe des Deutschen Theaters in Berlin, alle Mäntel waren abgeholt, die Garderobe geschlossen. Es ging mir so wie August Everding, der mich unerwartet ansprach und auf Tuchfühlung begleitete.

Wegen der allgemeinen Empörung über mich, von wenigen kritischen Leuten abgesehen, entschuldigte ich mich zu meiner Überraschung beim Pfarrer in Reichenkirchen. Von ihm befürchtete ich, er könne mich überführen, in einem mir nicht erlaubten Gewässer gefischt zu haben.

Übrigens ließ Ph. meine Aktion geschehen, ohne zu reagieren und ohne in seiner Rede einzuhalten. Später kommentierte ich, ich hätte nur darauf gewartet, daß er reagiere, um ihn mit Boxhieben zu traktieren, das war aber eine Großsprecherei.

Tel Aviv, 16.3.81

Überlege beim Schreiben, warum meine Traumzensur den Namen Pfleghar zuläßt, statt Rosenthal oder Thoelke zum Beispiel.

132

Ein Drahtkäfig voll mit psychotisch gewordenen braunen Hühnern, die herumflattern. Drei hängen in einer Reihe, den Kopf nach unten, und beobachten mich. Ich stehe barfuß bis zu den Knöcheln in einer Pampe aus Eiern und Exkrementen. Zwischen dem kleinen Finger und dem Ringfinger der rechten Hand sehe ich im Ansatz kleine bräunliche Federn wachsen, die ich entfernen kann und als Allergie deute. Ich will die winzigen Federkielansätze aber genetisch untersuchen lassen.

März 81

133

Ich besuchte Oppenheimer, der in einem großen vergammelten Schloß wohnte, einem Gutsbetrieb. Die hölzernen Gutstore waren elektronisch gesichert und öffneten sich, sobald man von Sensoren abgetastet worden war.

Ohne jede Anstrengung mähte Oppenheimer eine Wiese mit einer schnell im Handgelenk bewegten hauchdünnen Perlonschnur. Er zeigte mir eine Art Grasmus, das gänzlich geruchlos war und leicht verdaulich wäre. Wir unterhielten uns über deutsche Literatur; ob das Bilderlesen nicht wie in Amerika die Zukunft sei?

Zu seiner Wohnung ging es durch alte, verwinkelte Wirtschaftsgebäude, Ställe, Scheunen und über ausgetretene Holztreppen. Sein Arbeitsraum ging im Geviert über Hunderte von Metern, altmodisch eingerichtet, wie ein Stallgewölbe wirkend und tatsächlich in Ecken mit Tieren ausgestattet, Enten mit gerade geschlüpften Jungen. Es tauchten rosige Leute auf, die mich fragten, was ich hier wolle, aber Kitty Oppenheimer identifizierte mich, hieß mich auch kühl willkommen.

Ich sollte mit Oppenheimer in eine entfernte Stadt fahren. Auf dem Weg zum Zug hatten die Sicherheitsbeamten zur Tarnung blaue Touristenhüte auf. Wir waren spät dran, weil sie uns immer vor die Füße liefen. Der abfahrbereite Zug öffnete noch einmal die Türen, schloß sie aber wieder, ehe Oppenheimer drin war, wohl aber die Sicherheitsbeamten.

Es wurde ein Ausflug improvisiert, zu dem andere Schriftsteller und einige Wissenschaftler kamen. Ich war überrascht und erfreut, Peter Hacks wiederzutreffen. Wir stießen uns heimlich an, was heißen sollte, wir wollen den kürzlichen Bruch unserer alten Freundschaft vergessen. In einem Automatenrestaurant im Wald saßen sich die Leute paarweise an winzigen Tischen gegenüber, Oppenheimer mit Michael Rehberg, den Oppenheimer aber für den Darsteller des

Edward Teller hielt und ihm erklärte, daß Teller nur Wasser trinke, nur einfaches Leitungswasser, was Rehberg verdrossen befolgte. Jeder mußte sich das Essen auf einem Tablett selber holen. Als ich es endlich hatte, suchte ich Peter Hacks, denn mir war kein anderer Platz recht, aber ich konnte ihn nirgends finden. Es war überhaupt kein Platz mehr frei, ich kam mir ganz überflüssig vor und machte mich allein auf den Rückweg.

In der Nacht wunderte ich mich, den mir unbekannten Weg zu finden, es schien aber, ich war nicht allein, stieß manchmal an einen Körper, war aber nicht sicher, ob ich recht hatte. In einer vollen Kneipe schien man mich erwartet zu haben, man machte mir Platz und lud mich zum Würfeln ein. Es waren vier Würfel, und bei jedem Wurf durfte man die beiden besten Würfel stehen lassen. Ich hatte drei gute Zahlen, Sechs, Fünf und Fünf, und warf das dreimal hintereinander, was wie eine Sensation mit immer neuen Lagen Schnaps gefeiert wurde. Die Würfel in der Hand wiegend merkte ich, daß es sich um manipulierte Würfel handelte, und ich versuchte, sie verschwinden zu lassen. Kaum hatte ich aber einen fallen gelassen, da wurde er mir schon wieder überreicht, und ich mußte von neuem würfeln. Der Wirt brachte einen Toast des Sinnes aus, daß es die Dramatiker wären, von denen die Kneipen lebten, aber die Dramatiker lebten auch von den Kneipen. Auf meinem Platz zum Beispiel habe sich Brendan Behan totgesoffen, und alle, die hier mit mir tränken, seien im Grunde Dramatiker. Er reichte mir ein großes Wasserglas mit klarem Schnaps, das ich auf das Wohl der stillen Tragiker leeren solle, der «traumatischen Triebtäter im Doppelkorn», und schlug mir mit dem Handrücken an die Hoden.

Im Taxi hatte der Fahrer nie den Namen Oppenheimer gehört, wollte ihn aber suchen, verfuhr sich in Baugeländen. Als ich aussteigen wollte, stand ich vor dem Holztor, und der Fahrer setzte den blauen Touristenhut auf, begleitete mich durch Remisen und Gutsmagazine.

Oppenheimer begrüßte mich herzlich, erkundigte sich nach der «komplizierten Frau», die mir Avancen gemacht hätte. Ich klärte nicht auf, daß meine Verspätung nichts mit der Frau zu tun hatte.

Im Bett fühlte ich wieder den Körper, dachte, daß ich nicht wirklich wissen müsse, um wen es sich da handele.

5.4.81

134

Durch versunkene Wälder, versunkene Wiesen zu dunklen Teichen hinab. Ich fahre auf einem sehr alten Rad mit Ballonreifen einen asphaltierten Weg voller Schlaglöcher. Auf dem Gepäckträger Hasenfelle. Es scheint, die unterirdische Formation ist durch einen Erdeinbruch entstanden. Schräg nach unten laufende Erdschichten und ein Geruch nach Chemie. Zuunterst der Teich glänzt dunkel, liegt völlig still. Ich setze einen Fuß hinein und kann den kaum herausziehen, der Teich ist aus Quecksilber. Die Wipfel eines versunkenen Waldes schauen wie Besen heraus und salzüberkrustet. Die Steuerkabine eines abgesoffenen Kohleschleppkahns ragt aus dem Wasser, verglast und mit Meßinstrumenten. Ein Fernsehteam kommt und bittet mich, über den Teich zu der Kabine des Schleppkahns zu radeln, rechnet mir vor, daß ich wegen des spezifischen Gewichts nicht untergehen könne. Sensationelle Aufnahmen. Sie setzen eine Windmaschine in Gang, in deren Rhythmus der Kahn langsam schaukelt. Der Kameramann legt seinen Arm um meine Schulter, ich schüttele jedoch weiterhin den Kopf. Mein Fahrrad ist aber verschwunden, und es verfärbt sich mein Fuß. Durch den Türspalt eines VW-Busses sehe ich, Skriptgirls wühlen in meinen Hasenfellen.

7. 4. 81

135

Es werden Fliegerangriffe auf Warschau befürchtet. Ich wohne in Warschau in derselben Straße wie Peter Hacks und dessen Frau Anna Wiede, Marktstraße. Die läuft in einem Bogen abwärts ins Unterirdische. Wie ich einen kleinen Weg gemacht habe, kann ich die Straße nicht wiederfinden. Es kann sich um den letzten Krieg oder um einen neuen handeln, es werden aber jedenfalls amerikanische Luftangriffe befürchtet. Die Gasthäuser bieten nur mäßige Bewirtung, aber wenn man einen Schnaps bestellt, bekommt man riesige Gläser.

Eine Tennismaschine schlägt jeden Ball zurück, den man nicht erreicht. Das kostet fünf Pfennig oder fünf Mark und wird automatisch registriert. Die neue Maschine heißt «Präsident» (Präsent?).

8.4.81

136

Fange knapp hinter dem Wehr, aber in einem Bergfluß einen großen Hecht, der wild aus dem Wasser springt, heran gedrillt jedoch in dunklen U-Lauten sich äußert. Was ich davon hätte, verstehe ich, ein Abendessen, die Kinder äßen nicht einmal Fisch. Gleiches Recht sei doch wohl nicht auf eine Gattung begrenzt, also! Ich sehe einen leopardenhaft gefleckten Leib aus dem Wasser steigen, aber mit Brüsten versehen, und Blut an seinem Gebiß, das den Fluß rosa färbt. Ich kann den Drilling des Blinkers aber nicht frei kriegen, verletze mich an den scharfen Haken, als der weißbrüstige Hecht sich schüttelt.

12.4.81

137

In einer Peepshow, aber in einer Arena, sehe ich 36 Augen in 36 Zellen hinter vergrößernden Fotolinsen, und ich erkenne sie als meine Augen. Sie schauen auf ein nacktes Mädchen, das auf einer Drehscheibe sitzt, eine große Eßschüssel vor sich im Schoß, aus der sie ein verbotenes Gericht ißt. Die Zellen drehen sich langsam im Uhrzeigersinn um das essende Mädchen, und es klicken die Compur-Verschlüsse. Über den rotierenden Zellen sind weitere Zellen, die sich gegenläufig bewegen und deren Böden mit spanischen Spiegeln ausgestattet sind, um die darunter vorbeiziehenden Voyeure zu beobachten, die das essende nackte Mädchen beobachten. Sie werfen immer wieder Geld ein, um das verbotene Gericht endlich zu sehen zu kriegen. Als das Mädchen etwas unvorsichtig die Schenkel weiter öffnet, neigt sich die Schüssel: es sind Augen in einer weißlichen Soße, die sie mit einem Suppenlöffel wie kleine Klöße geschickt in ihren Mund wirft.

Sta. Brigida, 15.4.81

138

Ich gehe mit Jan, der noch kaum laufen kann, aber viel herumläuft, einen Wiesenweg hinab, etwas nervös, weil ich immer auf ihn achten muß und gleichzeitig in einem Buch lese, das von mir handelt oder einem mir ähnlichen Menschen, das vielleicht sogar von mir geschrieben ist, eine Szene, in der sich ein Lagerverwalter in einem stark veralteten, lückenhaften Lager weigert, die Sachen zu verwalten, sondern darauf besteht, die Lagerhaltung zu verschlechtern und zu verwirren, weil nur auf diese Weise, nur durch die Verschlimmerung des unhaltbaren Lagerzustandes ein anderer, besserer erstrebenswert werde, und dafür will der Mann eine Gehaltserhöhung und größere Befugnisse, was der Besitzer des Lagers nicht akzeptieren will, denn er bezahle ihn als Lagerverwalter, der Ausreden findet, wenn etwas fehle, nicht als maulenden Verbesserer, da sei er weg vom Fenster.

Den Jungen immer wieder im Auge, an ein Brückengeländer gelehnt, sehe ich ihn plötzlich nicht mehr. Ich werfe das Buch weg, folge seiner Wiesenspur im höher werdenden Gras, bis sich die Spur verliert, einfach aufhört. Ich rufe seinen Namen, laufe kreuz und quer, weit und breit kein Hinweis. Ich frage eine Frau, die Kaninchenfutter schneidet, die den Jungen in der Wiese gesehen hat und sich über mein gewissenloses Verhalten nur wundern kann. Den Fluß sei er nicht hinabgeschwommen. Ich suche systematisch, kilometerweit, finde einen abgrundtiefen Brunnen, in den er gestürzt sein kann, ein abgerissenes Pumpwerk. Da winkt er von der anderen Seite des Flusses, ein junger Mann jetzt mit Vollbart und Brille, behauptet, die Wiese sei über ihm zugewachsen, das sei die andere Seite und wunderbar, er könne mir das zeigen, er habe an einem Konzert teilgenommen. Tatsächlich wächst das Gras im Gehen über uns zusammen, in einem Untergrasgang zu einer Behausung wie ein alter D-Zugwagen, aber ausgeräumt. In den einzelnen Abteilen sich unterhaltende oder auch schlafende Mädchen und Vollbärte mit Hüten auf dem Kopf, viele Katzen. Einer strickt an einem langen Strumpf, den ein Mädchen anprobiert, die nur einen kleinen Wollpullover anhat und nicht zur Kenntnis nimmt, daß ich von dem gläsernen Gang hereinschaue. Der Gang liegt voller Haarklemmen. Ich kann die Unterhaltungen nicht verstehen, sehe auch keine Instrumente. Es scheint auch hier überall Gras zu wachsen, aber ein schwärzliches Gras in einer wie nebligen Stille. Ich frage Jan, wo denn das Konzert stattfinde. Er legt den Finger auf den Mund und lauscht mit schräg geneigtem Kopf, scheint etwas zu hören, was ich nicht hören kann. Es ist aber auch keine Stille, finde ich, es ist nur das Abwesendsein von Geräuschen. Und die können jeden Augenblick losbrechen. Ich müßte heute in Berlin sein, fällt mir ein, ich müßte die Abendmaschine noch erreichen oder wenigstens absagen. Ein Gasthaus, in dem ich telefonieren will, ist seit längerem aufgelassen, eine Telefonzelle ist ohne Telefon, jemand hat es von der Wand gerissen.

Sta. Brigida, Samstag, 18. 4. 81

139

Ein Mann mit großem erigierten Penis wird von Ärzten auf eine Bühne geführt, den Kopf verdeckt von Hut und Schleier, wie ihn Bienenzüchter haben. Durch ein Loch im Schleier raucht er eine Pfeife. Es wird erklärt, das Glied des Mannes sei seit drei Jahren erigiert, und daß es auch seit drei Jahren wachse. Das sei dem Manne nicht unangenehm, es hindere ihn aber allmählich, ins Auto zu steigen, und sei auch im Verkehr mit Kunden lästig, zumal sich auch die Vermehrung und Vergrößerung der Hoden schon andeute. Das wird von dem Arzt mit einer Art Wünschelrute gezeigt.

Da jede medizinische Therapie versagt habe, wolle man den Patienten nunmehr den Theologen und danach den Anthroposophen vorstellen. Die ‹orgianischen (?) Physiker› stellten Untersuchungen an, ob nicht dem Gliede metallische Substanzen beigemengt seien, die vielleicht ermöglichten, ein Faltsystem zu entwickeln, ähnlich den modernen Faltschirmen (Fallschirmen?). Das sei aber auf dem Konzil von Trient verboten worden, da es sich bei metallurgischen Schamteilen um keine theologische Frage handele.

Sta. Brigida, 22.4.81

140

Eine Patientin klagt mir: «Als Schwester und Inzesterwählte von Marx und Bakunin bin ich in ein Paket verwandelt, werde verschnürt, versiegelt und in fremde Städte geschickt, aber dort nicht angenommen. Vorsicht nicht stürzen! Umsturz.» – «Das kommt von der nicht zum Vollzug gebrachten Schule des Lebens», kommentiert ein kriegsversehrter Einbeiniger und springt 1 Meter 50 hoch beim Schulversehrtensportfest.

Ich verstehe die Patientin, aber ich springe mit dem Einbeinigen.

Sta. Brigida, 25.4.81

141

Die Mutter wußte nicht, daß sie gestorben war, hatte das Foto mit den Schlüsselblumen in der weißen Hand in ihrem Kopf verlegt. Auf dem Friedhof suchte sie das Grab ihres Vaters. Das war aber nicht zu finden, kilometerweit Wiese. Sie las ergriffen einen Spruch, der aber auf ihrem Grabstein stand. Glücklicherweise war der

Name so ausgewaschen, daß er nicht mehr zu entziffern war. Wenn die keinen Namen mehr hätte, meinte sie, da brauche sie vielleicht auch keinen Spruch, ich könne die Frau ja mal fragen, ob sie ihn entbehren könne, wenigstens die eine Zeile: ‹Das Feld ist kahl›. Es könne auch kalt heißen ihretwegen oder kühl, am besten vielleicht: ‹Der Tod ist cool›, denn das ist er ja. Es habe heute nacht in die Kirschen geschneit, auf der Aue, da würden sie dann wieder die ganzen Äste runterhauen, und die Sperlinge müßten auch heuer von den Schulkindern leben. Der beste Spruch, meint sie, wäre natürlich kein Spruch, weiß, ausgewittertes Steinweiß, obwohl man auf Weiß auch weiß schreiben könne. Wir suchen wieder vergeblich das Grab, und wie sie vor mir geht, sehe ich, daß ihr ein Strumpf herunterhängt, was sie durch ein Schlenkern des Beins aber betont. Sie meint, daß es doch sehr gut sei, kein Grab zu haben, bleibt stehen und zieht sich den Strumpf hoch über die Schenkel hinauf, im Mund den Gummiknopf des Strumpfhalters. Sie hat auch wieder einen Bubikopf.

Donnerstag, 30.4.81

142

Brecht, Ernst Busch, aber auch mein elfjähriger Sohn Moritz hören in einem Probenraum alte Platten ab, um das historische Klima für eine bestimmte Szene zu erfahren. Ich lobe eine bestimmte Aufnahme gegenüber einer anderen, weil sie so wenig spektakulär, so grau sei, was Busch energisch bestreitet; er spricht aber von einer Aufnahme, die wir nicht gehört haben. Brecht will überhaupt nicht lange zwischen den Platten reden, um den frischen Eindruck und den Zusammenhang zu behalten. Von Busch nach einem Detail bei einer anderen Aufnahme gefragt, kann ich mich nicht erinnern, denn ich habe mehr auf die Reaktionen von Brecht als auf die Aufnahme geachtet. Ich erörtere zu meiner Entschuldigung die Schwierigkeit, ein unbefangenes, sachliches Gespräch mit jemandem zu führen, den man verehrt, weil man den nämlich gleichzeitig beeindrucken will, also mit einer anderen Sache beschäftigt sei. Busch widerspricht durch Gegenbeispiele, Brecht will immer nur die Platten hören.

Der Schauspieler Schäfer dringt herein, findet es für seine Rolle falsch, eine Weinflasche erst zu öffnen und dann an die Wand zu schmeißen; ich empfehle eine Bierflasche mit dem alten Kippverschluß zu wählen, was ein scharfes Geräusch mache; Schäfer schwebt so etwas wie ein brodelndes Faß Karbid vor. Auf das Anhören der Platten ganz konzentriert, bemerke ich, daß Brecht auf meinem Schoß sitzt, daß er nackt ist, eine geschmeidige Haut und große, weibliche Brüste hat. Er ist aber gleichzeitig der ältere, dikker gewordene Brecht, wie ich ihn gekannt habe, und er hat auch dessen Brille auf. Die kurzen körperlichen Berührungen werden von mir nicht erotisch empfunden, das Bild scheint mir schon im Traum eine Übersetzung meiner Verehrung ins körperlich Angenehme des anderen Geschlechts.

3. 5. 81

Traumformulierung: Man kann nur soviel Wahrheiten durchsetzen, wie man durchläßt. Die Traumzensur.

3. 5. 81

143

Es ist auf den Papst geschossen worden, und zwar in einem Freilichttheater, wo der Papst den Papst spielte. Es scheint aber niemand zu wissen, daß es sich um eine Theateraufführung handelt, alle schreien und rufen «Papa». Auch in den Logen Schüsse und Schreie. Mein Vater verlangt echte Tränen und «tiefes Herzeleid». Die Herzen der Zuschauer werden an Meßgeräte angeschlossen, müssen Tachykardien von mindestens 120 Schlägen pro Minute liefern, auch Arhythmien gelten als Nachweis. Meine Werte sind ganz ungenügend, wie sehr ich mich auch anstrenge. Es gelingt mir auch keine Tränenproduktion. Eine blasse Frau, die ich als Schauspielerin kenne, weist auf Blutstropfen auf ihrer weißen Bluse, verlangt eine mir gemäße Trauerleistung, ich kann aber nur auf ihre Brustwarzen schauen und geniere mich. Es scheint, meine fehlenden Tränen machen das Theaterattentat erst zu einem wirklichen, ich bin der Mörder oder wenigstens in Komplizenschaft zu ihm.

Die Trauerleistenden schauen betrübt nach mir, es schließen sich die Türen des Theaters. Eine Nachrichtensprecherin nimmt eine versteinerte Haltung ein, schämt sich, es scheint, für mich. Mein Vater ist gestorben, liegt nackt auf einem Steintisch, niemand hat mich von seinem Tod unterrichtet, niemand hat mir gesagt, daß er nach mir verlangt habe. Er ist jetzt nach dem Tod ein ganz anderer. Schuldig fließen die Tränen, werden in Reagenzgläschen gemessen, und es erhöht sich sogar der Puls.

Am Schneidetisch sind die Schüsse aus meinem Film geschnitten, die Schnittmeisterin hätte sie an den Schneidetisch geklebt, kann sie nicht wiederfinden.

14. 5. 81

Ich habe am Vorabend die Bilder von dem Attentat auf den Papst auf dem Petersplatz gesehen. Wenige Tage davor habe ich den kranken HAP Grieshaber besucht, der an Tachykardien und Herzunregelmäßigkeiten litt.

144

Zwei Sphinxfiguren mit nackten, weißen Brüsten und Metallhälsen, aus dem Gestühl einer Kirchenbank ragend, schlagen mir vor, mich tätowieren zu lassen, und zwar um die Brustwarzen herum, gegebenenfalls als «Plexus solaris» auch um den Nabel. Die Tätowierungen könnten von assyrischen Vögeln vorgenommen werden, deren scharfe Schnäbel kulturhistorisch erfahren wären und die in ihren Speicheldrüsen die feinsten Farbsekrete parat hielten. Ich solle die gewöhnlichen Tätowierungsfarben Rot und Blau möglichst meiden, Rot jedenfalls, das technisch auch so schwer zu entfernen sei. Sie empfehlen mir Safran, auch «Psychote-Grün», meinen Gesichtskreis zu erweitern. Ich will aber überhaupt nicht tätowiert werden. Es sei mir zuwider, auf ewig durch Hautzeichen gekennzeichnet zu sein. Sie zeigen mir jetzt in Großaufnahme ihre tatsächlich ebenfalls tätowierten Brüste, in zarten Gelbtönen kopulierende Insekten, ornamental um die hellbraunen Vorhöfe angeordnet. Leicht erhaben, wie ich mit meinen Fingerkuppen fühlen kann. Da sie wie ich Dauerzeichen als nicht zeitgemäß verabscheuten, würden den Tätowierungen Unterhautfolien unterlegt, die amtlich wie privat entfernt oder ersetzt werden könnten. Es sei auch an innere Tätowierungen zu denken, der Bronchien etwa oder des Herzbeutels. Es werden auf Monitoren Muster mit sexuellen Szenen vorgeführt, die bei Betrachtung ins Ornament zurückweichen, auch in Abzeichen. Es gibt preisgünstige Muster für Farbenblinde, die in Beichtstühlen ausliegen.

Auf den Stufen des Altars liegt zwischen Kandelabern eine tätowierte Frau mit eindrucksvollem Hintern, die vom Hals bis zu den Fußsohlen mit einer Tätowierung angezogen ist wie mit einer Stikkerei. Der Hintern sei eine meisterliche optische Täuschung, durch die Tätowierung hervorgerufen.

Man sehe ihn manchmal von vorn und manchmal von hinten. Die ganze untere Altarstufe ist von Kondomen und Zigarettenstummeln übersät.

Bremen, Samstag, 16. 5. 81

145

Man ist Heiner Müller und mir drauf gekommen, wir bringen seit längerer Zeit auf raffinierte Weise Frauen um. Indem wir nämlich in einem Bassin jeweils acht untergehen lassen, von denen nur sieben wieder auftauchen, was lange Zeit nicht aufgefallen ist. Die Frauen sind an Stangen befestigt, die man mit der Hand drehen kann, wie bei den Figuren der Fußballspiele in den Gaststätten. Jetzt ist uns ein Linguist durch einfaches Zählen der Wörter in unseren Sätzen und der Buchstaben in unseren Wörtern draufgekommen. Viel zuwenig Silben und schwindende Verbenzahl. Es muß sich um eine lange frauenmörderische Karriere bei mir handeln, es hat keinen Zweck, da was abzustreiten, und ich überlege, wohin ich fliehen soll. Ich kann jeden Augenblick verhaftet werden. Zur Entschuldigung fällt mir allenfalls ein, daß sich die Frauen nie beschwert haben, vielleicht könnte ich es auch so drehen, daß es sich mehr um eine Theaterwirklichkeit gehandelt hat. Aber die Frauenleichen sind registriert und liegen in den ‹Bewußtseinsregalen›. Im Unterschied zu mir scheint Müller den Prozeß gerade zu wollen, er zitiert eine mir unbekannte Quelle: «Was geht mich das Bewußtsein an, ich bin Schriftsteller.»

Im Zusammenpacken von einigen Sachen, die nicht zu finden sind, zum Beispiel Ohrenschützer, um nicht allen Dreck hören zu müssen, verlangt Wolf Biermann, daß ich an einer Versammlung mit hohen Parteifunktionären teilnehme, wo entscheidende Fragen behandelt werden sollen, auch unter ausländischer Schriftstellerbeteiligung. Ich sage schließlich zu, entschließe mich zu einer Verkleidung, einer Blindenbrille, die aber in der Mitte ein Loch hat, das ich groß und klein stellen kann.

Die offenbar konspirative Versammlung findet in einer schäbigen Holzbaracke statt, und Walter Ulbricht ist unter den Funktionären. Die nicht aus der DDR kommenden Schriftsteller leiten ihre kritischen Bemerkungen meist mit einem Lob ein, über die medizinische Versorgung etwa, den Braunkohlenbau oder das Anwachsen der chemischen Produktion. Ulbricht zerstört aber diese Lobsagungen als sachunkundige Illusionen, auch die chemische Produktion sei vergleichsweise lächerlich, die Arbeitsproduktivität winzig, sie sinke sogar. Und das sei im Sozialismus gesetzmäßig, die Produktivität in allen entfremdeten Arbeitsbereichen müsse sinken, weil der Geldfetisch fehle. Es sei der Vorzug des Sozialismus, daß er nicht soviel produzieren müsse, Schlamperei, Faulheit und Gleichgültigkeit seien Vorboten des Lustprinzips. Er zeigt eine Anzahl von Mustern erlesener Anzugstoffe, hellblau gestreift und hellbraun, die doch einfach nicht gebraucht würden.

Die Funktionäre tragen großenteils weiße Sommerhüte, sie haben sich wie in Schulbänken leicht zurückgelehnt, ihre Gesichter sind entspannt bis versonnen.

Stresa, 18. 5. 81

Das Traummaterial kommt aus einem nächtlichen Gespräch mit Heiner Müller, der wie ich bei einer Tagung von Dramatikern und Regisseuren in Stresa war.

146

Durch ländlich abgelegene Gegenden fuhr ich zu fünf kranken Frauen, die an nahezu unbeeinflußbaren psychotischen Zuständen litten und, von mir veranlaßt, in Waldhütten lebten. Sie sollten dort eine Art von Lebensgemeinschaft zustande bringen, wie abseitig auch immer, hatten das aber wohl nicht geschafft. Sie hatten mich seit längerem erwartet, denn ich hatte versprochen, ihnen nach meiner Möglichkeit zu helfen. Unterwegs wurde ich mehrfach aufgehalten, weil Stromleitungen auf die Straße gefallen waren, auch eine Brücke mußte noch repariert werden, ehe ich darüber fahren konnte. Ich hatte die Fahrt hinausgeschoben, weil ich erst jetzt eine Methode gefunden hatte, mit einer guten Chance, die Frauen zu einer Art von Selbstheilung zu bringen. Es waren fünf Wörter, mit denen sie nach ihrer Lust umgehen sollten. Sie konnten damit Sätze machen oder Rätsel oder Geschichten, auch Filme, oder sie konnten sich die Wörter einfach nur einverleiben, ihren Körper, ihre Organe damit umgehen lassen, ihre Herzkammern oder ihr limbisches System.

Eine ältere Frau (die Schauspielerin Mathilde Danegger aus Berlin) sagte, es sei für sie nun zu spät, sie habe sich anders entschlossen, wolle sich auf keine Behandlung mehr einlassen. Es sei ihr endlich gelungen, das Leben loszulassen, die sinnlose Beharrung auf dem Leben. In einer Art von Koben wandte sie sich zur weißbedreckten Wand, den Schattierungen der reichen Leere. Das war der Umgang mit dem Wort ‹wozu›.

Eine andere, sehr bleiche und zurückhaltende Patientin (die Filmregisseurin Margarethe von Trotta) beschäftigte sich, von einem anderen Wort ausgehend, mit einer Video-Kamera, die ich mitgebracht hatte. Sie kniete sich demütig zu der Kamera nieder, die auf einem zusammengesteckten Stativ nur wenig über dem Boden stand. Ich erklärte ihr, daß die Kamera zu ihr kommen könne, daß nicht sie zur Kamera müsse. Sie hatte sich aber auf das Verwaltungswort ‹hinsichtlich› der Kamera zögerlich zugewendet, die administrative Erwartung richtig dargestellt.

Eine dritte Patientin entschuldigte sich mit einem langsamen Über-Mich-Weg-Sehen, als sie mich unvermutet hinter einem Schuppen auf einem Klo sitzen sieht, und ich revanchiere mich, indem ich sie ebenfalls nicht sehe, Schwarz/Weiß-Bilder in Unterbelichtung. Sie hat sich von meinem Angebot das Wort ‹Es› ausgewählt, da es das neutralste sei, die Welt im Es-Zustande erträglich sei, draußen und ohne Beziehung zu ihr.

21. 5. 81

147

Im Traum kommt es mir wichtig vor, einen Vers zu behalten, den ich aber auch träumend schon banal finde. Er sei aber als Dokument behaltenswert, bilde ich mir ein.

Im kühlen Wiesengrunde, / den ich so lang nicht sah, / liegt unbedeckt mein Großvater / mit dicken Eiern da.

22. 5. 81

148

Ich versuche mich in einem schwarzen Raum zu orientieren, frage mich wegen der gänzlichen Lichtlosigkeit, ob ich nicht blind geworden bin, aber es ist auch nichts zu hören, und wie ich über die glatte Wand lecke, die ich taste, schmeckt sie nach gar nichts. Es scheint sich um einen zu experimentellen Zwecken installierten Tastraum zu handeln, aber ich höre auch nichts, wenn ich mir auf den Kopf klopfe, das müßte ich doch überall hören. Das wird aber anscheinend nur außen gehört und stört wahrscheinlich die ‹sinnliche Versuchsanordnung›. Ich bin auf meinen Tastsinn ‹geworfen›, fühle mich die glatte, porenlose Wand entlang, die kalt ist, Plastik, vielleicht eine Holzimitation aus Plastik, Staubteile, harte Staubkörner, geruchlos, falls ich rieche, um eine Steckdose, die ich nicht näher untersuche, eine Fuge, in der die Leitung läuft. Danach die Rundung, der ganze Raum scheint rund und auch wiederkehrend. Die Rundung, die jetzt unregelmäßiger, wärmer, faltiger wird, ich meine, das ist ein Bauch, die Haut eines kühl-glatten Bauches, aber von innen betastet, in Feuchtigkeit übergehend, in Lippenzartheit, eine rauh werdende Zungenwand mit Zungenpapillen, Geschmacksknospen, geschmacklos, falls ich schmecke. Ich fühle jetzt auch mit den Fußsohlen, glitschig, nach unten gleitend, Asphalt mit einem Ölfilm, der in Schlamm übergeht, in Wasser, Schwimmbeckenkacheln, die sich weiß anfühlen. Auch vor mir Kacheln, verfugt, auch rechts, auch links Kachelwände, die in ihrer Entfernung wechseln, als werde der Raum pulsiert. Damit nichts mehr erwartet und unzuverlässig gefühlt werde. Es scheint ein anderer im Raum, oder eine andere, die meine Hand an der Kachelwand fühlt, meinen Arm, Nase, Augen und Mund, einmal die Lippe mir lang zieht. Ich gestatte mir nicht zu erschrecken, bleibe kalt und bewege mich nicht. Der Weg durch die Kacheln ist frei. Barfuß auf Wiesenweg, erwarte ich schnellstens jetzt Licht. Da trete ich in eine Senke und fühle, daß ich auf zwei Kinder trete, Kinderrücken, Kindergesichter, die sich nicht bemerkbar machen, aber ich weiß, es sind meine Kinder.

Ich höre mein Herz rasend klopfen: Da ist mir der Ausbruch gelungen. (Erwachend denke ich, das könnten in der Senke auch Kunststoffleichen gewesen sein und Kunststoffgesichter. Ich bin sehr niedergeschlagen.)

25. 5. 81

149

In einem Hearing soll ich das Programm des Deutschen Theaters rechtfertigen, und zwar bis zum heutigen Tage, da ich aus eigenem Impuls weggegangen sei. Ich wende ein, daß ich das gegenwärtige Programm gar nicht kenne, daß es wahrscheinlich von so vielen Instanzen gemacht werde, daß es niemand mache, es ergäbe sich. Ich erkläre Matthias Langhoff, daß die industrielle Administration heutzutage Stücke auflege, die sie in ihren Theatern serienweise aufführe, und zwar nach den Erfolgsmatrizen der Regisseure, die der Markt bezahle. Deren Arbeiten würden in Takte zerlegt, um sie computermäßig auszuwerten. Die Fertigteile könne man in beliebigen Kombinationen zusammenstecken. Nach Wahrscheinlichkeit ausgewürfelt, ergäbe das 126000 positive und 734000 negative Werbeflächen. Eine durchschnittliche Aufführung benötige 30 positive und zwei bis drei negative. In einem erweiterten System werde aber schon an Negativwerbung für spezielle Werbeträger gearbeitet. Der Autor Wehner zum Beispiel.

10.6.81

150

Ich erwache von einem schrecklichen Dröhnen in meinem Kopf. Er ist mit dem Stahlhelm von einem Geschoß halbiert. Ich sehe die eine Hälfte, etwa in der Mittelachse heruntergeklappt, wie bei einem anatomischen Präparat. Ich will das nicht beerdigen.

Nicolas Born erscheint mir, der knochige, starke Born mit dem Pferdegesicht, den hellblauen Kalkaugen, den genau schauenden.

11.6.81

151

Ich sollte SHAKESPEARE DRINGEND GESUCHT, mein erstes Stück, in Moskau inszenieren. Ich traute dem Stück nicht, hielt es für zu naiv, zu lustspielhaft, hatte mich aber einmal darauf eingelassen und bemühte mich um Erfindungen, die das Stück erträglich machen sollten. Es traute dem Stück auch sonst niemand, außer Rudolf Wessely, der mir gut zuredete und sogar die Arrangements der Uraufführung in Berlin reproduzieren konnte, wo er den «Färbel» gespielt hatte. Die Schauspieler boykottierten die Proben, erschienen nicht oder waren wieder verschwunden, wenn sie gebraucht wurden. Ich erfand für das Stück eine Souffleuse, die ihren Hund, einen kleinen weißen Spitz, mitbringen mußte, weil er heiser war und niemand zu Hause auf ihn aufpassen konnte. Die Souffleuse hieß Berta Stobbe, und wenn sich jemand beschwerte, führte sie vor, wie krank der heisere alte Hund war, und ließ ihn altersschwach bellen. Aber der Hund bellte auch aus dem Souffleurkasten, wenn ein Schauspieler im Text hängen blieb, und ein alter Schauspieler bellte aus Verzweiflung über das fehlende Stichwort wie der heisere Hund. Eine große Wirkung versprach ich mir auch von der über und über befleckten Weste eines dürren, glatzköpfigen Inspizienten, der immerzu Tee trank und dazu Marmelade aß, die seine Weste bekleckerte. Er konnte aber auch alle Geräusche mit einfachen Mitteln wie Bürsten und Wasserschüsseln zum Beispiel nachahmen, und es war mein Einfall, ihn das bei offener Bühne tun zu lassen. Eine große Nummer des gelenkigen Inspizienten war, fahrende, schneller werdende Züge zu imitieren, indem er mit harten Scheuerbürsten auf einem Stück Cordstoff herumrieb.

Die nicht zusammen zu bringenden Schauspieler mußten schließlich von der Direktion zu einem neu festgelegten Termin zur Probe befohlen werden. Ich ließ Stühle in einer Reihe auf die Vorbühne stellen, um die komischen Erfindungen vorführen zu lassen. Der steckengebliebene und in Verzweiflung bellende Schauspieler war die Hauptattraktion. Den Schauspielern wurde aber auch ein Essen serviert, das im Munde kleben blieb, so daß jeder einzelne in Essenskämpfe verwickelt wurde. Das sollte der komische Prolog des Stükkes werden. Es stand mir ja überhaupt bevor, das ganze Stück in stumme komische Aktionen zu übersetzen, da ich nicht russisch sprach.

16.6.81

152

Ich bin in der Wohnung von Reich-Ranicki in einem Zimmer, dessen Wände rundum von einem weißen Leinenvorhang verdeckt sind. Der Raum ist ganz leer. Der Bundeskanzler Schmidt ist noch da, und Reich-Ranicki stellt mit ihm ein literarisches Verhör an. «Aber, Herr Bundeskanzler, wieso wissen Sie das nicht?» Er verschwindet hinter dem weißen Vorhang und geht das Viereck des Raumes ab, von Schmidt in einiger Distanz gefolgt.

Ich habe eine Verabredung wegen des noch unsicheren Verlagsprogramms, weiß aber weder die Straße noch das Haus. Rauche eine schwarze Parkerpfeife, die ursprünglich meinem Jugendfreund Georg Hirtz gehört hat. Entwerfe die Niederschrift des Traumes für ein Tagebuch, schneide aus einem Blatt Zeilen heraus. Finde hinten in dem Heft einen handschriftlichen Brief von G. Grass an Lore, wundere mich über die Endfloskel «In Liebe Ihr G. G.». Ich gehe an einem riesigen, nach außen gewölbten Backsteingebäude entlang. Der Boden ist von Zetteln oder Kassibern bedeckt. Ich erkenne das Gebäude als das Columbiahaus in Berlin und hoffe mit dieser Hilfe, den Verlag zu finden. (Columbus?) Falten des weißen Kissens nehmen das Aussehen eines behaarten Schenkeldreiecks an.

22.6.81

153

Zum Einkaufen geschickt, habe ich fünf Mark verloren, ein riesiger Betrag, die Mutter weint, schickt mich zurück, das Geld zu suchen. Als ich erfolglos zurückkehre, schickt sie mich abermals: «Mach die Augen auf!» Ich suche den Rinnstein ab, dem Bürgersteig entlang, spanne die Augenlider mit Daumen und Zeigefinger, sehe tatsächlich das silberne Fünfmarkstück, die Rettung, da bückt sich ein Herr und steckt es in seine Westentasche.

ohne Datum

154

Der Nußbaum auf der Wiese brennt. Ich laufe aus dem Hause, das aber ein fremdes Haus ist, um Wasser zum Löschen zu holen, finde aber nur einen Benzinkanister. Es läuten Glocken, und es kommen Leute aus dem Dorf, die aber nur den brennenden Nußbaum bewundern. Die Funken sind große fliegende Ameisen, die es auf die Augen der Frauen abgesehen haben, auch der Kinder. Die Frauen wischen sich die tränenden Augen und haben keine Erklärung für ihre brennenden Augenschmerzen. Eine Pferdefeuerwehr kommt vierspännig angepresst, besetzt mit Feuerwerkern, die blaugesprenkelte Gesichter haben, aber auch nur Benzinkanister in das Feuer schütten, das heller und weißer brennt. Eine weiße Lohe, die Blätter und Äste des Nußbaums jedoch nicht zu zerstören scheint. Es ist eine Art von Lichtfeuer, und es glühen die Adern des Baums bis in die Wurzeln hinab. Ich sitze allein unter dem weißleuchtenden Baum auf einem Küchenstuhl und lese einen Text, den ich nie gehört und auch nie gedacht habe: «Hölderles Winterweide». Der Text scheint zu entstehen indem ich ihn lese, aber er geht auch verloren, sobald ich ihn gelesen habe, ich kann ihn nicht behalten. Die Wiese ist schwarz von Ameisen. Das scheinen die Buchstaben zu sein, die ‹fleißig beflügelten Ameisen›.

27.6.81

Ich habe kürzlich neu an einem Stückplan mit dem Titel HÖLDERLES WINTER gearbeitet.

155

Man kann ‹guamaltekische Flugbons› bekommen, auch für Hubschrauber, Getränke inbegriffen, ‹Hua-Billy-drinks› für alte Leute. Mit Heli Weigel bin ich bei Anna Seghers in deren Wohnung. Lese eine Erzählung von Anna Seghers auf Fehler, die aber schon Heli korrigiert hat, z. B. steht da das 250. Jubiläum statt des 100. Die grauen Haare von Anna Seghers sind aber wieder schwarz geworden. Ich lobe, daß in den Buchhandlungen auch vor längerer Zeit erschienene Bücher vorrätig gehalten werden, und Anna Seghers erläutert in drei Einschubsätzen «falls Papier da ist».

Ich spreche mit Heli, ob es spezielle psychische Erkrankungen für die Bundesrepublik und solche für die DDR gebe, ob die Kinderneurose der Alten in der Bundesrepublik nicht der Altersneurose der Kinder in der DDR entspreche. Der aus Rußland zurückkehrende Marxismus habe das Menschenbild der bürgerlichen Idylle angenommen, der späte Lukács in Fortschreibung von Lenin. Die Schwierigkeiten der Ideen, über fremde Kontinente zu reisen.

28.6.81

156

Ohne mein Wissen ist von Pia eine Feier meines Geburtstages arrangiert worden, die mir fatal ist. In einem weitläufigen Hotelkomplex sind öffentlich bekannte Leute zusammen gekommen, auch solche, die ich nicht kenne und andere, die mir zuwider sind. Ich weiß nicht, wie ich auf Überraschung reagieren soll, die Feier scheint mir sinnlos, ich verliere viel Zeit, stecke in einem Roman und laufe Gefahr, mich zu korrumpieren, indem ich zu Leuten freundlich bin, zu denen ich nicht freundlich sein will. Es wird sich wohl auch eine Anrede nicht vermeiden lassen. Pia bittet, ich solle mich immerhin manierlich anziehen, ich treffe aber unterwegs immer wieder Leute, die mich in Gespräche verwickeln. Ich empfehle den Leuten, für die Arbeit herauszufinden, was von ihnen erwartet wird, um der Erwartung nicht zu entsprechen, stoße bei Schauspielern auf Widerstand.

Ohne mich scheinen sich die Gäste gut zu unterhalten, und ich gerate als Anlaß in Vergessenheit. Zu meiner Überraschung sehe ich von einem Hotelfenster aus Axel Springer. Er wird unter einer Pumpe gewaschen, macht heilgymnastische Übungen, da er gelähmt ist, nur noch ‹aus einer Seite› besteht. Er liegt auf dem Rükken, richtet sich in einem Wasserstrahl mühsam zum Sitzen auf und läßt sich wieder zurückfallen. Bei seinem Anblick dominiert mein Mitleid mit ihm, und das interessiert mich als eine moralische Forderung an mich als Privatperson, obwohl er objektiv die verachtenswerte Person bleibt, die er geschichtlich ist. Verurteilung und mitleidendes Verständnis scheinen sich auf einer bestimmten Stufe des Wissens nicht auszuschließen.

Weil ich meine Anziehsachen nicht finden kann, überlege ich, ob es nicht ganz effektvoll wäre, in meiner zusammengestoppelten Alltagskleidung zu erscheinen.

Die Leute strömen jetzt aufwärts in die Festsäle, ich verliere im Hinaufsteigen aber Stück für Stück meiner Kleider. Endlich angekommen, bin ich, dessen Geburt zu feiern ist, nackt.

8.7.81

157

Ich öffne zwei an mich retournierte Holzkisten. In einer ist der alte Marx als Prometheus stilisiert, aber in Turnhosen mit Fackel und Feuerblick. Die kyrillische Schrift auf dem Sockel verheißt eine immer gesunde Leber, wie lange die Raben auch hacken mögen. Die zweite und wesentlich größere Kiste zeigt einen in viele Bildscheiben zerlegten Marx-Kopf, die, für sich betrachtet, chinesischen Rollbildern ähneln, symbolischen Landschaftsdarstellungen.

Einem Beischreiben entnehme ich, daß die Kisten nur von geprüften Marx-Forschern identifiziert werden dürften. Vor revolutionären Tagungen empfehle sich deutsche Musik.

9.7.81

158

Ich lebe unter italienischen Landstreichern, spreche neapolitanisches Rotwelsch. Wir schlafen unter Planen oder in Schlafsäcken, kaufen bei einem Schuster ein. Er füllt verschiedene ausgefallene Eissorten in eine große Blechbüchse. Wie mein Begleiter zahlen will, erniedrigt er den Betrag auf 1,36. Wir bestellen bei ihm Spaghetti in vielen Zubereitungen, die er aber bis auf zwei verwirft, mit Basilikum und mit Tomaten.

Wir gehen in seiner weitläufigen Werkstatt herum, denn der Mann hat das seltene Talent zum Erfinden. Es steht ein leichtes Lichtauto herum, gebastelt aus ‹haardünnen Lithiumrändern auf Spannungsbasis›. Zum Dach hin ins Dunkle Vogelkäfige mit schlagenden Finken und Zeisigen. Eine Dohle spricht deutsche Dialekte. Die Vögel sind Kunstprodukte, naturüberlegen, müssen aber geölt werden. Die Gänge sind verstellt mit technischen Raritäten, in einer lichtspeichernden Kugel gehen Steine in Krebse und Nymphen in Insekten über.

Ich möchte bezahlen, wechsle aber mein Geld in kleinere Scheine, um nicht mit meinem Geld großzutun. Ich kaufe Brot, Salami und Sardinen. In einem Gasthaus, wo man gebackenen Hecht kriegen kann, werden Tische auf meinen Namen bestellt. Ich gehe voraus, weil die andern sehr zerlumpt sind. Ich gehe aber auch in Lumpen, in schwarzen allerdings und mit einem ansehnlichen Rabbinerhut. Von zwei Landstreicherinnen begleitet, begrüße ich die Geschäftsleitung mit erhobenem Stock. Da meine Lumpen als Extravaganz genommen werden, gelten alle Lumpen als Extravaganz.

Wir kampieren in einem dünnen Waldstück am Meer, ich formuliere im Kopf Szenen verschiedener Stückschlüsse, versuche die Formulierungen zu behalten.

Im Schaufenster eines Ladens mit alten Kinderschuhen macht mich Pia auf eine Uhr mit alten Figuren aufmerksam. Es ist aber ein Schachspiel, dessen Regelmäßigkeit mich nicht interessiert. Es liegen Leute unter Regenplanen am Strand und schlafen. Es muß schnell gepackt werden, ich werde in viele Künste des Landstreicherlebens eingeweiht.

12.7.81

Glossar

Um den Lesern die Orientierung über die in den Traumprotokollen vorkommenden Personen zu erleichtern, werden nachfolgend einige Namen erläutert, deren Träger in einem persönlichen Bezug zu Heinar Kipphardt standen.

Der Herausgeber

Adamy, Fritz, enger Jugendfreund Kipphardts; in der Familie Adamy wurde Kipphardt aufgenommen, als sein Vater während der Nazizeit im KZ war.

Besson, Benno, Regisseur, Brecht-Schüler, den Kipphardt seit seinen Berliner Jahren kannte.

Biermann, Wolf, Liedermacher; Kipphardt ließ 1971 als Chefdramaturg Biermanns Stück «Der Dra-Dra» an den Münchner Kammerspielen inszenieren, der um das Programmheft entbrennende Streit führte zur Nicht-Verlängerung von Kipphardts Vertrag.

Born, Nicolas, Schriftsteller, bekam 1977 gemeinsam mit Kipphardt den Bremer Literaturpreis.

Brecht, Bertolt, Schriftsteller und Regisseur, lebte von 1948 bis zu seinem Tod (1956) in Ost-Berlin; Kipphardt kannte ihn gut und bewunderte seine Theaterarbeit.

Bucksch, Oskar, Hauptfigur in Kipphardts Stück (und Fernsehspiel) «Die Nacht, in der der Chef geschlachtet wurde».

Busch, Ernst, Sänger und Schauspieler, als «Barrikadentauber» berühmter Interpret von Arbeiterliedern; mit Kipphardt eng befreundet.

Drexel, Ruth, Schauspielerin, mit Kipphardt befreundet; beide kannten sich seit den fünfziger Jahren, als Ruth Drexel beim Berliner Ensemble engagiert war.

Ernst, Gustav, Wiener Schriftsteller, dessen Roman «Einsame Klasse» in der AutorenEdition verlegt wurde.

Everding, August, war Intendant der Münchner Kammerspiele, während Kipphardt dort 1970/71 als Chefdramaturg arbeitete.

Fischer, Peter, Theatermusiker, Eisler-Schüler, arbeitete mit Kipphardt in den fünfziger Jahren am Deutschen Theater in Berlin und später an den Münchner Kammerspielen.

Franz, das ist: Franz Kipphardt, der ältere Sohn von Heinar und Pia Kipphardt, geboren 1966.

Giesing, Dieter, Regisseur, mit Kipphardt befreundet seit dessen Dramaturgenzeit an den Münchner Kammerspielen 1970/71; inszenierte u. a. die Uraufführung von «Bruder Eichmann» (1983).

Grass, Günter, Schriftsteller, beteiligte sich 1971 an öffentlichen Angriffen gegen Kipphardt, die zur Nicht-Verlängerung von dessen Dramaturgenzeit an den Münchner Kammerspielen führten; er beschimpfte Kipphardt in einem Artikel als «dumm und gemeingefährlich».

Grieshaber, HAP, Holzschneider, mit Kipphardt befreundet; in der von Grieshaber herausgegebenen und illustrierten Zeitschrift «Engel der Geschichte» erschienen 1976 «März»-Texte von Kipphardt.

Hacks, Peter, Schriftsteller, lebt in Berlin/DDR; mit Kipphardt seit Mitte der fünfziger Jahre befreundet, beide standen in einem regen brieflichen Austausch.

Hanselbauer, Nachbar Kipphardts in der Ortschaft Angelsbruck (bei München), wo der Schriftsteller seit 1972 wohnte.

Heising, Ulrich (Ulli), Regisseur, mit Kipphardt befreundet seit dessen Dramaturgenzeit an den Münchner Kammerspielen 1970/71.

Heym, Stefan, Schriftsteller, mit Kipphardt befreundet seit dessen Berliner Jahren.

Jan, das ist: Jan Kipphardt, geboren 1951, Sohn Kipphardts aus der Ehe mit seiner ersten Frau Lore.

Karge, Manfred, Regisseur und Schauspieler in der DDR, arbeitet eng mit Matthias Langhoff zusammen.

Kohl, recte: Walter Kohls, Verwaltungsdirektor am Deutschen Theater in Berlin.

Langhoff, Matthias, Theaterregisseur in der DDR, Sohn von Wolfgang L.; Kipphardt kannte ihn durch seine Zusammenarbeit mit dem Vater seit Kindertagen.

Langhoff, Wolfgang, Theaterleiter, Schauspieler und Regisseur; war Intendant des Deutschen Theaters in Berlin, während Kipphardt dort 1950–59 als Dramaturg arbeitete.

Lore, das ist: Lore Kipphardt, geb. Hannen, Heinar Kipphardts erste Ehefrau, mit der er seit 1943 verheiratet war.

Magli, Bruno, italienischer Schuhdesigner, dessen Schuhe Pia Kipphardt besonders gern trägt.

Mattausch, Dietrich, Schauspieler, wirkte in verschiedenen Inszenierungen von Kipphardts «Oppenheimer»-Stück mit.

Meinhof, Ulrike, Publizistin, später Kopf der Baader-Meinhof-Gruppe, starb unter ungeklärten Umständen 1976 in der Haft; Kipphardt hatte lange den Plan, ein Stück über sie zu schreiben.

Moritz, das ist: Moritz Kipphardt, der jüngere Sohn von Heinar und Pia Kipphardt, geboren 1969.

Oppenheimer, J. Robert, amerikanischer Atomphysiker; über ihn schrieb Kipphardt sein von Dokumenten ausgehendes Stück «In der Sache J. Robert Oppenheimer».

Paryla, Karl, Schauspieler und Regisseur, war während der Nazizeit wie Wolfgang Langhoff am Zürcher Schauspielhaus engagiert; 1956–61 arbeitete er am Deutschen Theater in Berlin, wo Kipphardt ihn kennenlernte.

Pia, das ist: Pia Kipphardt, Heinar Kipphardts Frau, mit der er seit 1963 zusammenlebte.

Pinkerneil, Dietrich, Leiter der Athenäum-Verlagsgruppe, in der auch die AutorenEdition erschien; Kipphardt war seit 1977 Mitherausgeber der AutorenEdition.

Pluto, Boxerhund der Familie Kipphardt in Angelsbruck, ein sehr rauflustiges Tier.

Rehberg, Hans-Michael, Schauspieler, trat u. a. als Hauptdarsteller in Kipphardts Stücken «In der Sache J. Robert Oppenheimer» und «Bruder Eichmann» auf.

Richter, Friedrich, Schauspieler am Deutschen Theater in Berlin.

Schäfer, Gerd, Schauspieler, den Kipphardt aus seinen Berliner Jahren kannte.

Schubi, das ist: Heinz Schubert, Schauspieler, mit Kipphardt befreundet; spielte die Rolle des Bucksch in der Fernseh-Verfilmung von «Die Nacht, in der der Chef geschlachtet wurde» (1979).

Teller, Edward, amerikanischer Physiker, maßgeblich an der Entwicklung der Atombombe beteiligt, deren exponierter Befürworter er wurde; Kipphardt läßt ihn in seinem «Oppenheimer»-Stück als Zeugen auftreten.

Timm, Uwe, Schriftsteller, war zusammen mit Kipphardt und Gerd Fuchs Herausgeber der AutorenEdition.

Unseld, Siegfried, Leiter des Suhrkamp-Verlages, in dem Kipphardts Stücke in den sechziger und frühen siebziger Jahren erschienen.

Weigel, Helene (Heli), Schauspielerin, Ehefrau Bertolt Brechts, Intendantin des Berliner Ensembles; Kipphardt kannte sie gut seit seinen Berliner Jahren.

Wessely, Rudolf, Schauspieler, mit Kipphardt befreundet; wirkte am Deutschen Theater in Berlin u. a. mit bei den Uraufführungen von Kipphardts Stücken «Shakespeare dringend gesucht» (1953) und «Der Aufstieg des Alois Piontek» (1956).

Nachwort

«Die aufklärerische Schreibweise, zu der ich mich bekenne, hat viele, viele technische Möglichkeiten», betonte Heinar Kipphardt in einem Gespräch und rechnete ausdrücklich seine Traumprotokolle dazu.[1] Aber der Entschluß, eine so subjektive Prosa zu veröffentlichen, ist ihm nicht leicht gefallen. Noch in Briefen an Freunde und Kollegen, denen Kipphardt das Buch ankündigte, ist etwas von der Unsicherheit zu spüren: ein «merkwürdiges Buch» nennt der Schriftsteller sein Werk, die Traumgeschichten seien «natürlich auch heikel»; in einem anderen Brief spricht er von einem «ulkigen Buch», es stehe in seinen Vorbemerkungen, «wohin das zielt, aber der Autor muß das ja nicht immer wissen.»[2] Das ist eine beinah kokettierende Distanz zur eigenen Arbeit, ganz ungewöhnlich bei diesem Schriftsteller – so ungewöhnlich es eben anmutet, daß ein für seine dokumentarischen Texte und eine nüchterne, lakonische Sprache bekannter Autor sich bereit fand, die überbordenden Phantasien und Bilder seiner persönlichen Träume der Öffentlichkeit preiszugeben.

An zwei Theaterkollegen schrieb Kipphardt, er wolle gelegentlich mit ihnen besprechen, ob nicht in den Traumprotokollen «ein ungewöhnliches Stück steckt, ein ziemlich viel mit unserer Zeit zu tun habendes neues Traumspiel. Ich bin da aber noch ganz unsicher und habe auch darüber nicht genügend nachgedacht.» (An Roberto Ciulli und Helmut Schäfer, 30. September 1981). Durch eine andere Theaterarbeit, das 1980 veröffentlichte Schauspiel «März, ein Künstlerleben», hatte Kipphardt den Anstoß bekommen, seine Träume zu protokollieren. Ihn interessierte die Nähe des halluzinatorischen Denkens im Traum und im Psychotischen. Aus dem eigenen Traumerleben erhoffte er sich gewisse Hilfen, um im «März»-Stück die Gedanken und Empfindungen der von der Psychiatrie verwahrten Menschen authentisch beschreiben zu können. Eine Publikation des bei Nacht festgehaltenen Materials war zunächst nicht geplant.

«März, ein Künstlerleben» handelt von der Lage der Psychiatrie in der BRD, von der klinischen Karriere zweier Patienten und von deren Ausbruchsversuch. Kipphardt gelang ein Schauspiel, in dem der Erkrankte positiv als ein anderer Entwurf von Menschlichkeit gesehen wird. Die Hauptfiguren, Alexander und Hanna, erzählen mehrfach aus ihren Träumen; und ihre wahnhaften Vorstellungen bei Tag erweisen sich als verschwimmende, oft schwer verständliche, bisweilen verblüffend scharfsinnige Vexierbilder von gesellschaftlicher Realität. Insofern ähneln die Bild-Welten der psychisch Kranken den Träumen der sogenannten Normalen. In einer zentralen Szene des Schauspiels vergleicht sich Alexander mit einer Weihnachtsgans, deren Schicksal er als Kind zu Hause erlebte: «Die Gans war das Rohmaterial, in das man stopft und stopft, was sie nicht will. – Lange vor unserer Geburt haben die Eltern beschlossen, wer wir sein sollen. Ich werde bis heute gestopft.»[3] Kipphardt war selbst ein in der Fachrichtung Psychiatrie ausgebildeter Mediziner und wußte, wovon er schrieb. Bei den Wahrnehmungen der Psychotiker vermischen sich Erfahrungen und Phantasien zu Bildern, die – genau besehen – oft groteske Spiegelungen der Wirklichkeit sind; darin liegt die frappierende Nähe zu den Einbildungen eines gesunden Träumenden.

Schon in einem früheren Bühnenstück hatte Kipphardt mit Traummaterial gearbeitet, allerdings mit erfundenem. «Die Nacht, in der der Chef geschlachtet wurde» heißt eine 1966 entstandene Komödie. In die Darstellung des Lebens einer kleinbürgerlichen Familie hinein schnitt Kipphardt Traumsequenzen: der subalterne Bankangestellte Oskar Bucksch avanciert im Schlaf zum Staatsbankdirektor, zum Geheimdienstchef, zum Sanatoriumsleiter, er unterwirft und tötet Menschen nach Belieben. Der Autor wollte mit diesen Traumszenen das wirkliche Leben der Kleinbürger beschreiben: «ihre schlafenden Autoritätsgefühle, ihre schlafenden Aggressionen, ihre Endpunkte von Fehlurteilen oder Fehlhaltungen, die man nicht bemerkt.»[4] Die Träume des Oskar Bucksch sind kunstvoll arrangiert; Figuren und Szenerien fließen ineinander über, der Supermarkt kann unversehens zur Kirche werden und im nächsten Moment zur Krankenanstalt. Und doch wirken diese nächtlichen Phantasien sehr von außen beschrieben; kühl und ein bißchen mitleidlos nannte der Autor selbst seine Komödie.[5] Kipphardt ging es beim «Nacht»-Stück nicht um Authentizität, sondern um Bloßstellung, in einer eher satirischen Absicht.

Bei den «Traumprotokollen» dagegen, anderthalb Jahrzehnte später veröffentlicht[6], ging er von den Aufzeichnungen seiner tatsächlichen Träume aus. Die nächtlichen Notizen wurden später in einem wachen Zustand ausformuliert. Geändert hat Kipphardt einige Datierungen, um die Prosastücke freier anordnen zu können. «Die Reihenfolge habe ich ziemlich chronologisch gemacht, aber die Chronologie habe ich mir am Anfang und am Ende etwas passend gemacht, auch im Band mal was hin- und hergeschoben.» (An Gerd Fuchs, 25. Juli 1981). Ansonsten beschränkte er sich auf eine sprachliche Bearbeitung, gemäß seiner – in anderem Zusammenhang geäußerten – schriftstellerischen Maxime, sich an Sinntreue gegenüber dem benutzten Material gebunden zu fühlen, nicht aber an Worttreue.[7] Einen kleinen, wichtigen Kunstgriff wandte er an, indem er den üblichen Gestus, mit dem wir Träume berichten, nämlich die Vergangenheitsform («Ich fuhr links ...»), meist umformte in die Gegenwart: «Ich fahre ...», «Ich bin in einen Mordprozeß verwickelt ...» Dies rückt die Texte näher an den Leser heran.

Die Protokolle zeigen die ganze Vielfalt und atemberaubende Verknüpfung von Wahrnehmungen, die der realen Traumarbeit eigen sind. Erlebtes und Ersehntes, Privates und Öffentliches, Gefürchtetes und Vergangenes, Komisches und Grauenhaftes, Lüste und Ängste, Reales und Mögliches vermischen sich, konterkarieren einander, stehen oft scheinbar zufällig nebeneinander. Jeder Versuch, die Traum-Welt dieses Autors auf eine einzige Linie hin auszudeuten, auf die utopische Dimension etwa oder die paranoide, wäre zum Scheitern verurteilt.

Die Literaturgeschichte kennt eine lange Tradition von Traum-Motiven und -Szenen. Besonders die Surrealisten haben dazu beigetragen. Der Traum sei seinem Wesen nach Poesie, bemerkt der französische Schriftsteller Michel Leiris, der selbst seine nächtlichen Gedanken und Bilder veröffentlichte.[8] Viele Künstler jedoch haben sich darauf beschränkt, «so wie im Traum» zu erzählen. Kipphardts Protokolle dagegen sind direkt aus dem authentischen Material geschöpft, dadurch realistischer und zugleich sprunghafter als andere literarische Traum-Publikationen.

«Der Reiz des Zerrissenen, Unfertigen, nur Angeregten», notierte Kipphardt auf einen Zettel, den er bei Lesungen aus der Traumprosa benutzte. An anderer Stelle hielt er fest: «Der Reiz des Traumes liegt auch im Zerfall, im Absurden, das Bedeutungen oft mehr ahnen läßt als behauptet. Angemessenheit der zerfallenden, relativierenden Formen.» Einer literarischen Montage ähnlich sind die Traum-Protokolle zusammengestellt, zu lesen vielleicht wie eine

Lyriksammlung. (Einige Zeit hatte der Schriftsteller den Plan verfolgt, seine Träume in einem Band gemeinsam mit Gedichten zu veröffentlichen.) Kipphardt verlangte stets von seinen Lesern, daß sie Zusammenhänge selbst herstellen und über Widersprüche und Analogien im literarischen Material mit nachdenken; er nahm sein Publikum ernst.

Auch innerhalb der einzelnen Träume werden Teile im Stil einer Montage verknüpft. Was Kipphardt besonders faszinierte, war die im Traum übliche Verbindung einer eigentümlichen «Kahlheit» des Erzählens, unter rigorosen Vereinfachungen und in verknappter Sprache, mit zugleich schier unbegrenzten Möglichkeiten, über Personen, Zeiten und Handlungen zu verfügen. Das kleinmaschige Denken über die direkte Abfolge von Ursache und Wirkung wird im Traum ad absurdum geführt, und gerade darin läßt sich eine zutiefst poetische Qualität ausmachen. Im Traum zum Beispiel kann es Kipphardt einfallen, den von ihm geschätzten Kollegen Alexander Kluge sich an einem Gedicht aus gefährlicher Lage abseilen zu lassen. «Ich war etwas besorgt, ob er das schaffen würde, denn ich kannte kein Gedicht von ihm, er tat das aber durch eine lockere Prosa, die ihn aushielt. Auch ich, der ich seine Rettung veranlaßt hatte, mußte jetzt von einem ziemlich hohen Sims springen, ließ mich ebenfalls an einem Gedicht herunter, das eine zurechtgerückte Prosa war.» (Notiert unterm 11. August 1979). Solche wunderbare, eindrückliche Bildersprache des Traummaterials war es, die Kipphardt bewogen hat, entgegen aller Scheu seine Protokolle zu publizieren. Der Traumarbeiter, hat Martin Walser einmal festgestellt, ist ein wahrer Riese an Ausdruckskraft.[9]

«Tragigrotesken der Nacht» nannte ein anderer Schriftsteller, Wieland Herzfelde, sein Buch mit Träumen, das erstmals 1920 im Malik-Verlag erschien. Der Titel war treffend gewählt, denn mit dem Grotesken sind unsere Träume nah verwandt. Zum Grotesken gehört wie zum Traum das Komische, und zugleich ist es entpflichtet von den Gesetzen der Wahrscheinlichkeit, geht ins Phantastische, manchmal Widersinnige über. Das Lachen im Traum wie bei der Groteske ist selten ein befreites und heiteres, oft mischt sich ein Gefühl des Grauens hinein: über unheimliche, bedrohliche Seiten der je dargestellten Realität.

Den Titel seines Buches hat Kipphardt einem Kollegen entlehnt: Wolfgang Bächler hatte 1972 seine «Traumprotokolle» erscheinen lassen, mit dem Untertitel «Ein Nachtbuch». Darin sind Träume vorwiegend aus den Jahren 1954 und 1955 gesammelt, die ursprünglich aus therapeutischen Gründen aufgezeichnet wurden. Martin Walser nannte Bächlers Buch «ein Auskunftsbuch»: vor allem über den Literaturbetrieb und über die Gesellschaft, in welcher der Träumende lebt.[10] In diesem Sinne ist auch der vorliegende Band Heinar Kipphardts ein amüsantes, «verrücktes», kritisches Auskunftsbuch. Kipphardts Träume werden zu einem subversiven Spiegel des Literatur- und Theaterlebens ebenso wie der Politik. Verwoben damit sind stets sehr persönliche Erfahrungen des Autors; traum-gemäß überlagern sich Personen und Ereignisse, der Vater geht in die Figur des Bundeskanzlers über und dann in die eines Lehrers. Auch in solcher Erzählweise sind Auskünfte verborgen.

Der Traum gehe mit Zeiten und Personen so kühn um wie kaum je ein Schriftsteller, betonte Kipphardt in einem Fernsehinterview. «Auf kurzem Raum kann er sehr viel Stoff bewegen, auf eine sonst in der Literatur kaum anzutreffende Weise.» Und Kipphardt berichtete einen Traum, den er nach dem Erscheinen des Buches «Traumprotokolle» hatte; darin waren seine Eltern in einem Konzentrationslager der Nazizeit gefangen, viele Details des Traumes aber entstammten der politischen Gegenwart der Bundesrepublik Deutschland. Kipphardt: «Was ich im Leben ja nicht machen würde, so einfach eine Analogie zu bilden von der Gestapo zum Überwachungsstaat heute – das wäre nicht legitim, das ist nicht dasselbe; aber das Tendenzielle steckt darin, unser Instrumentarium von Überwachungsstaat heute harrt ja quasi des Mißbrauchers.»[11]

In dem Beispiel findet sich ein Schlüssel für die literarische Arbeit, mit der Kipphardt nach dem Abschluß der Traumprotokolle begann: sein Schauspiel «Bruder Eichmann». Darin rekonstruierte er die Geschichte des Administrators der Judenvernichtung, Adolf Eichmann. Und er schnitt Analogie-Szenen in die Handlung hinein, mit denen auf aktuelle Varianten der Eichmann-Haltung hingewiesen wird – bei der Zerstörung Nagasakis etwa, im Vietnam-Krieg und im Libanon, bei Atomkriegsvorbereitern und Gen-Technologen. Eichmann war für Kipphardt der Prototyp des funktionalen Menschen, der sich im Rahmen einer gegebenen Ordnung als bloßes Rädchen im Getriebe versteht und jede Verantwortung für sein Handeln ablehnt. Dieses in der Konsequenz monströse Selbstverständnis ist nach des Autors Diagnose keinesfalls Vergangenheit, sondern zur gewöhnlichen Haltung in unserer heutigen Welt geworden. Offenkundig hat sich Kipphardt durch die kühnen Assoziationstechniken seiner Träume ermutigen lassen, die Analogiekomplexe in «Bruder Eichmann» in der gewählten Montage-Form einzubauen.

Zugleich lassen sich die «Traumprotokolle» als ein literarischer Gegenentwurf zum funktionalen Prinzip lesen, für das die Figur Eichmanns steht. «Ich empfehle den Leuten, für die Arbeit herauszufinden, was von ihnen erwartet wird, um der Erwartung nicht zu entsprechen», notierte Kipphardt in seinem Traum unterm 8. Juli 1981. Seine nächtlichen Aufzeichnungen sind ein ungeschminktes Medium für die Abweichung und die Ausschweifung, für das Spielerische, Witzige und Aberwitzige, für die Subversion und den Widerstand.

Viele der Träume handeln von Situationen des Verfolgtseins und von Schuldgefühlen. Die Übergänge zwischen persönlicher Bedrängnis und kollektiven, politischen Zuständen der Verfolgung sind fließend. Und die moralischen Bewertungen von Personen und Vorgängen können träumend anders ausfallen als beim Wachen. Kipphardt selbst, der doch mit seinen Werken stets zur literarischen Aufklärung über die Nazi-Gewalttaten beigetragen hat, sieht sich im Traum angeklagt: als ein Verfolger, durch dessen Handeln anderen Menschen die Vergasung droht. In seinen Arbeitsnotaten hielt er fest: «Die Person, die wir umarmen, kann unter der Umarmung eine andere werden, oder tot sein, oder wir selber sein.»

Gewiß gibt es unter den Traumprotokollen besonders schöne, gelungene, einleuchtende, aufregende Texte – und es gibt blasse, schwer oder gar nicht verständliche Beispiele, auch solche, deren Bedeutungen wohl erst durch das Ausbreiten von lebensgeschichtlichem Material über Kipphardt beizukommen wäre. Aber die Qualität dieser Prosastücke zu beurteilen, ist in besonderem Maße eine Frage des literarischen Geschmacks, über den hier nicht gestritten werden soll. Kipphardt, der Freuds «Traumdeutung» ausgiebig studierte, hat seine Träume bewußt ohne lange Kommentare publiziert, er wollte sie nicht als Material biographischer oder psychoanalytischer Erkundung mißverstanden sehen. Die Werkausgabe hält sich an diese Konzeption; lediglich einige im persönlichen Bezug zum Autor stehende Namen werden in einem kleinen Glossar erläutert.

Der vorliegende Text der Traumprotokolle folgt dem der Erstausgabe von 1981; einige Korrekturen, die Kipphardt in sein Arbeitsexemplar eintrug, wurden berücksichtigt. Einige weitere Flüchtigkeitsfehler wurden verbessert. Sinnstiftende Abweichungen in der Interpunktion dagegen wurden beibehalten. – Für Auskünfte und Materialien, die der Vorbereitung des Bandes dienten, sei Gerd Fuchs (Hamburg) und Uwe Timm (Herrsching) herzlicher Dank gesagt.

Hamburg, im Juni 1986   *Uwe Naumann*

Anmerkungen

1 Gespräch mit Paul Kersten. Fernsehsendung «Bücherjournal», Norddeutscher Rundfunk (3. Programm), 12. November 1981.
2 Briefe an Jesaja Weinberg (30. Juni 1981), Franz Josef Kampmann (19. September 1981), Anna Maria Jokl (12. August 1982). Brief-Durchschläge im Nachlaß Heinar Kipphardts, Angelsbruck bei München. Zitate im Nachwort, wenn nicht anders nachgewiesen oder aus dem Text der «Traumprotokolle», stammen aus diesem Nachlaß.
3 Heinar Kipphardt: Theaterstücke. Band 2. Köln 1981, S. 305.
4 Heinar Kipphardt, im Gespräch mit Hellmuth Karasek. In: «Volksbühnenspiegel», Juni 1967.
5 Ebenda.
6 Die Erstausgabe der «Traumprotokolle» erschien im Herbst 1981 im Verlag AutorenEdition, München/Königstein. Kipphardt war – zusammen mit Gerd Fuchs und Uwe Timm – Herausgeber der AutorenEdition.
7 Heinar Kipphardt, Nachbemerkung zu: In der Sache J. Robert Oppenheimer. Abgedruckt in: Kipphardt, In der Sache J. Robert Oppenheimer, Theaterstücke, Reinbek 1982 (rororo Bd. 5043), S. 391 f.
8 Michel Leiris: Lichte Nächte und mancher dunkle Tag. Frankfurt/M. 1981 (Bibliothek Suhrkamp Bd. 716).
9 Martin Walser: Über Traumprosa. In: Wolfgang Bächler, Traumprotokolle. Ein Nachtbuch. München 1972, S. 125.
10 Walser, a. a. O., S. 125.
11 «Bücherjournal», Norddeutscher Rundfunk, 12. November 1981.

Heinar Kipphardt
Werkausgabe
Herausgegeben von Uwe Naumann

Die gesammelten Werke Heinar Kipphardts erscheinen, kommentiert und um Nachlaßmaterial ergänzt, in Einzelausgaben als rororo-Taschenbücher

Bruder Eichmann
Schauspiel und Materialien
(5716)

Traumprotokolle
(5818)

März
Roman und Materialien
(5877)

In der Sache J. Robert Oppenheimer
Ein Stück und seine Geschichte (12111)

Shakespeare dringend gesucht
und andere Theaterstücke
(12193)

Joel Brand
und andere Theaterstücke
(12194)

Schreibt die Wahrheit
Essays, Briefe, Entwürfe
Band 1
1949–1964 (12571)

Ruckediguh, Blut ist im Schuh
Essays, Briefe, Entwürfe
Band 2
1964–1982 (12572)

Die Tugend der Kannibalen
Gesammelte Prosa
(12702)

Umgang mit Paradiesen
Gesammelte Gedichte
(12805)

Außerdem lieferbar:

Heinar Kipphardt
mit Selbstzeugnissen und Bilddokumenten
dargestellt von Adolf Stock
(rowohlts monographien 364)